I0165468

АЛЕКСЕЙ ОРЛОВ

Из России
К СВОБОДЕ

Bagriy & Company
Chicago • 2022 • Чикаго

Алексей Орлов
ИЗ РОССИИ К СВОБОДЕ

Alexei Orlov
FROM RUSSIA TO FREEDOM

ISBN 979-8-9862820-0-8 (Paperback)
ISBN 979-8-9862820-1-5 (Hardback)

Edited by Alexander Matlin
Proofreading by Julia Grushko
Book design and layout by Yulia Tymoshenko
Book cover design by Larisa Studinskaya

Литературный редактор: Александр Матлин
Корректор: Юлия Грушко
Компьютерная вёрстка, макет: Юлия Тимошенко
Обложка: Лариса Студинская

Иллюстрации в тексте — *Wikimedia.org*

Bagriy & Company
Chicago, Illinois, USA
www.bagriycompany.com

Printed in the United States of America

Содержание

Нонне, моей музе

Русскоязычная эмиграция: не числом, а уменьем

Соединённые Штаты Америки — страна иммигрантов. Это общепризнанный факт. Но когда мы говорим, что Америку построили иммигранты, то вряд ли сознаём, что сказанное справедливо буквально с самого начала страны.

В 1776 году Декларацию Независимости подписали 56 делегатов Второго Континентального конгресса, и восемь из них были иммигрантами, то есть не родились в одной из тринадцати английских колоний в Северной Америке.

В 1787 году восемь из 55 делегатов Конституционного конвента были иммигрантами, и среди этих восьми были двое подписавших ранее Декларацию Независимости — Роберт Моррис, уроженец Англии, и Джеймс Уилсон, родом из Шотландии.

В 1789 году среди первых пяти назначенцев президента Джорджа Вашингтона в Верховный суд двое родились не в Америке, и одним из них был Роберт Моррис.

Первый кабинет министров Джорджа Вашингтона был невелик — пять министров. Одним из пяти был министр финансов Александр Гамильтон, рождённый на острове Невис в Карибском море.

В 1796 году Джордж Вашингтон назначил военным министром Джеймса Мак-Генри, иммигранта из Ирландии.

В обеих палатах Конгресса первого созыва, начавшего свою работу в 1789 году, было восемь иммигрантов.

Да, наша страна — Соединённые Штаты Америки — страна иммигрантов, и можно со стопроцентной уверенностью утверждать: на политической карте мира 2022 года нет страны, которая не представлена в Америке иммигрантами. 193 страны являются членами базирующейся в Нью-Йорке Организации объединённых наций, и глава делегации каждой из них может встретить в Соединённых Штатах своих бывших соотечественников. Иммигранты из России и других «республик» советской «империи зла» обитают во всех 48 континентальных штатах, есть они, конечно, и на Аляске, а кое-кого занесло на Гавайи.

Эмиграция из России началась задолго до захвата власти большевиками. Согласно опубликованному в 1928 году отчёту Центрального статистического управления (ЦСУ) СССР, с 1861 года по 1915-й из Российской империи выехало 4,3 миллиона; из них 2,7 миллиона — ещё в XIX веке. Начиная с 70-х годов XIX века большая часть (до 80 процентов) уезжала в Западное полушарие. С 1871 год по 1920-й в США, Канаду и другие страны Нового Света переселились около 4 миллионов. Самой массовой из России была эмиграция евреев. Среди 1 миллиона 732 тысяч уроженцев Российской империи, зафиксированных переписью населения США в 1910 году, было 838 тыс. евреев, 418 тыс. поляков, 137 тыс. литовцев, 121 тыс. немцев, русских — только 40,5 тыс.

Россия и Советский Союз уступают — как экспортёры иммигрантов в Америку — большинству стран Западного полушария, Азии и Африки. Уступают даже малюсенькой Доминиканской Республике. Но если сравнивать вклад иммигрантов из России и Советского Союза в жизнь Соединённых Штатов — культурную, научную, экономическую — со вкладом иммигрантов из десятков других стран, то легко прийти к выводу: качество превосходит количество: те, что из России, превосходят вторых не числом, а уменьем.

Готовясь к работе над книгой, мне предстояло решить, о ком рассказывать. Следовало выбрать несколько десятков из сотен достойных. Выбор был трудным. Чтобы облегчить задачу, я решил ограничить выбор хронологией: рассказывать только об эмигрантах из царской России и эмигрантах, покинувших Советский Союз в первые годы большевистской власти, не позднее начала 30-х годов. Никого из уехавших в это далёкое время нет на этом свете, и значит никто из них не упрекнёт меня, что кого-то вспомнил, а о ком-то забыл. Хронологическая граница упростила задачу, но решить её на отлично у меня не было возможности, ибо не следовало забывать о размерах книги. Многостраничные фолианты — не для современного читателя. И мне пришлось отказаться от рассказа об эмигрантах, которые заслуживают, вне всякого сомнения, быть хотя бы упомянутыми. Вот некоторые из них:

Степан Тимошенко, выдающийся ученый-механик. Родился в 1878 году в Черниговской губернии, учился в Петербурге в Институте путей сообщения, возглавлял механическую лабораторию в Петербургском политехническом институте, профессор на кафедре сопротивления материалов в Киевском политехническом институте. В 1920 году покинул с семьёй охваченную Гражданской войной бывшую Российскую империю. В 1922-м приехал в США. С 1927 года профессор Мичиганского университета, с 1933-го — профессор Стэнфордского университета. Член семнадцати академий. Скончался в 1971 году. Американское общество инженеров-механиков учредило Медаль Тимошенко, она вручается ежегодно за выдающиеся достижения в области прикладной механики. В Киеве на доме 23 по улице Гоголя установлена мемориальная доска.

Александр Архипенко, скульптор и художник, один из крупнейших представителей кубизма в скульптуре. Родился в Киеве в 1887 году. Учился в Киевском художественном училище. В 1908 году переехал в Париж, в США — с 1923 года. Умер в Нью-Йорке в 1964 году. Работы Архипенко представлены в музеях США, Европы, Израиля, двенадцать рисунков находятся в Эрмитаже. В 2016 году именем Архипенко названа улица в Киеве.

Сергей Кусевицкий, дирижёр, композитор, контрабасист. Родился в 1874 году в Тверской губернии в семье музыкантов. Учился в Музыкально-драматическом училище при Московском филармоническом обществе. С 1904 года контрабас в оркестре Большого театра. В 1909 году основал Российское музыкальное издательство и свой собственный оркестр. В 1921-м уехал в Париж, в 1923-м — в США, где возглавил Бостонский симфонический оркестр, руководил им в течение 25 лет, участвовал каждое лето в ставших легендарными Танглвудских (штат Массачусетс) музыкальных фестивалях. Умер в 1951 году в Бостоне.

Георгий (Джордж) Гамов, физик-теоретик, астрофизик. Родился в Одессе в 1904 году. Учился в Петроградском университете и в Гёттингене (Германия). В 1931 работал в Ленинграде в Радиевом институте и университете. В 1932 году избран — 28-летним (!) — членом-корреспондентом Академии наук СССР. В 1933-м во время командировки в Брюссель (Бельгия) принял решение не возвращаться в Советский Союз. В 1934 году стал профессором Университета Джорджа Вашингтона в столице США. В 1948 году участвовал под руководством Эдварда Теллера в создании водородной бомбы. В 1956 году переехал в Боулдер (штат Колорадо) и занял должность профессора Колорадского университета. Скончался в этом городе в 1968 году. В 1996-м в Одессе именем Гамова был назван сквер. В 2015 году Российско-американская ассоциация учёных (RASA) учредила премию имени Гамова, которая присуждается работающим в США русскоязычным учёным за вклад в мировую науку.

Георгий Гребенщиков, писатель и журналист. Родился в 1883 году на Алтае в селе Николаевкий рудник. Школу не закончил. В 1906 году стал зарабатывать литературой. В 1921 году издал двухтомник рассказов и начал печататься в столичных журналах. С 1916 года в действующей армии, начальник Сибирского санаторного отряда. В 1920 году покинул большевистскую Россию, сначала жил в Париже, в 1924-м переехал в США, в 1925-м основал в штате Коннектикут селение Чураевка, ставшее одним из центров эмигрантской жизни в Америке. Здесь бывали Сергей Рахманинов, Игорь Сикорский, Михаил Чехов, Фёдор Шаляпин... Гребенщиков скончался в 1964 году во Флориде. Деревня Чураевка (*Churaevka Village*) занесена в Национальный реестр исторических памятников.

Герои книги — русские и евреи, украинцы, грузины и армяне. Все они были политическими эмигрантами (political refugee), хотя такого термина в годы их эмиграции не существовало. Одни покинули страну рождения в поисках религиозной свободы, другие — в поисках творческой свободы, третьи исключительно по политическим соображениям. Кого-то родители вывезли ещё ребёнком, кто-то уехал в близком к пенсионному возрасте. О некоторых мало кто знал в новой стране до того, как они пересекли океан, другие были известны миру до приезда в Америку. И все они нашли в новой стране то, ради чего уехали, — свободу. Сумели реализовать себя, достигли максимума. Но из каждого правила бывают исключения...

Я счёл нужным рассказать о двух эмигрантах, которые не только не приняли новую страну, но посчитали нужным — необходимым — бороться с её внутренним укладом, не гнушаясь при этом оружием. Они, преступники, прославились — со знаком минус — на всю страну.

Из общей канвы книги выпадает рассказ о двух братьях-эмигрантах — героях невидимого фронта, агентах Федерального бюро расследований (ФБР). Один был вторым (!) лицом в Коммунистической партии США. Я не мог не написать о них в книге об эмигрантах из России.

Редактором этой книги, как и двух моих предыдущих, является мой многолетний друг писатель Александр Матлин, автор замечательных юмористических рассказов об эмигрантах из Советского Союза. Без его помощи не было бы этой книги. Если в ней есть фактические ошибки, они на моей совести.

Политический иммигрант Джон Турчин

К**нига «***Military Rambles***» о Гражданской войне — между Союзом и Конфедерацией, Севером и Югом. О самой кровопролитной в истории Америки войне написаны тысячи и тысячи книг, но эта книга — уникальная. Во-первых, она одна из первых, издана в 1865 году, когда война ещё не закончилась. Во-вторых, «***Military Rambles***» написал русский человек, и это первая в истории книга, написанная на английском языке эмигрантом из России и изданная в Соединённых Штатах. «Военные скитания» — так она переводится на русский. Автор — Иван Васильевич Турчанинов. В Америке его знают как Джона Бэйзила Турчина, одного из генералов в армии Союза.

За четыре года Гражданской войны в армии северян было 583 генерала. Двадцать из них были эмигрантами из европейских стран. Только один из этих двадцати был эмигрантом из Российской империи — Иван Турчанинов, он же Джон Турчин.

«Я сократил своё имя не для того, чтобы сделать его менее русским, а чтобы было легче птичьеобразному американскому рту произнести моё имя», — писал в Лондон Александру Герцену Турчанинов, ставший Турчиным.

Турчанинов вступил в переписку с Герценом, ещё находясь в России, будучи офицером Российской армии. Сказать, что это был большой риск, значит не сказать ничего. Герцен, как мы знаем со школьных лет, основал в Лондоне Вольную русскую типографию. В ней печатались запрещённые в России книги. В ней также печаталась газета «Колокол», которая была для императора столь же ненавистной, как много лет спустя стал издаваемый в Париже журнал «Континент» для советского политбюро. По распоряжению императора Николая Первого, всё имущество Герцена было арестовано. Если бы военное начальство Турчанинова узнало о его переписке с основателем Вольной русской типографии и издателем «Колокола», не избежать бы ему репрессий.

Донской казак Иван Турчанинов родился в 1822 году в станице Константиновской в семье дворянина, офицера Войска Донского. Его дядя, Павел Петрович Турчанинов, участвовал в войнах с Наполеоном, дослужился до чина генерал-лейтенанта, был одним из соратников Кутузова. Иван, его племянник, получил блестящее военное образование. С 10 до 13 лет учился в Петербурге в Первом кадетском корпусе. Затем в войсковой классической гимназии в Новочеркасске, а далее — в Михайловском артиллерийском училище в Петербурге, которое закончил в 1843 году. Позднее, уже будучи офицером с боевым опытом, Турчанинов был направлен на учёбу в Академию Генерального штаба и закончил её в 1852 году с серебряной медалью.

Я намеренно обращаю ваше внимание на военное образование генерала северян Джона Турчина. Лучшими генералами в Гражданской войне — как у северян, так и у южан — были выпускники Военной академии Уэст-Пойнт. Но четырёхгодичное образование в этой Академии не идёт ни в какое сравнение с тем, которое получил Турчанинов в России. И в книге «Военные скитания» — «*Military Rambles*» — Джон Турчин критикует ведущих генералов, прежде всего северян, за незнание элементарных, с его точки зрения, вещей и за пренебрежение военной историей.

Больше других достаётся от Турчина генералу Джорджу Маклеллану. Они познакомились во время Крымской войны, в которой Россия противостояла Британии, Франции и Османской империи. Во время этой войны Турчанинов получил чин полковника. Бывший в те годы военным министром США Джефферсон Дэвис (будущий президент Конфедерации) направил в Европу группу военных наблюдателей. В группе был капитан Маклеллан. Он познакомился с европейскими армиями и, пишет Турчин, бывал в траншеях во время обороны Севастополя русскими. Но, считает Турчин, Маклеллан мало что усвоил из увиденного... Забегая вперёд, скажу, что Турчин и Маклеллан часто общались в Америке, но не как во-

Генерал армии Союза Джон Турчин

15

енные, а как гражданские инженеры. Было это до Гражданской войны...

Турчанинова многое угнетало в России. Прежде всего — крепостной строй. Донской казак не хотел мириться с тем, что в стране существует рабство. Он также считал порочной 25-летнюю рекрутчину. Он сравнивал европейские армии, состоявшие из вольнонаёмных людей, с российской армией, и видел преимущество Европы. Крымская война убедила его в этом. Глубокий след в памяти Турчанинова оставило подавление русской армией Венгерской революции в 1848 году. Это было боевое крещение 26-летнего офицера Турчанинова. Венгры восстали против власти австрийской монархии, и русская армия под командованием генерала Ивана Паскевича утопила мятеж в крови.

Вот так, шаг за шагом, крепло решение Ивана Турчанинова порвать с Россией.

В 1856 году, как только закончилась Крымская война, Турчанинова отправили на службу в Польшу — в Краков. Здесь 34-летний полковник знакомится со своей будущей женой 30-летней Надеждой Львовой, дочерью своего старшего сослуживца. Вскоре после свадьбы Турчанинов изъявил желание отдохнуть в Европе, начальство не возражало. Он уехал с женой, чтобы никогда уже не возвращаться в Россию. В том же 1856 году Турчаниновы прибыли в Америку — в Нью-Йорк.

Мой рассказ об Иване Турчанинове — Джоне Турчине — будет неполным, если не рассказать о Надежде, взявшей в Америке имя Нэдин. Она достойна большего, чем простое упоминание. Нэдин Турчин — не менее удивительный человек, чем Джон Турчин. И если говорят, что муж и жена — одна сатана, то к супругам Турчиным это имеет прямое отношение. Причём в самом хорошем смысле. Нэдин была всегда рядом с Джоном — не только в мирной жизни, но и на войне...

Надежда Турчанинова, урождённая Львова, выросла в аристократической, музыкальной семье. Её дядя, Алексей Львов, композитор и талантливый скрипач, был в Петербурге директором Придворной певческой капеллы в те годы, когда её капельмейстером был композитор Михаил Иванович Глинка. И следует заметить, что Алексей Львов — автор музыки национального российского гимна «Боже, Царя храни!». Не исключено, что полковник Турчанинов привлёк внимание Надежды Львовой не только умом и статью, но ещё и тем, что великолепно играл на скрипке... Уезжая навсегда из России, молодые супруги взяли с собой скрипку Турчанинова, и эта итальянская скрипка Бресция сопровождала их до конца жизни.

Турчаниновы начали жизнь в Америке с фермерства. Купили землю неподалёку от Нью-Йорка. Но фермерами они были недолго — всего лишь год. Ровно столько времени, сколько понадобилось для овладения английским. Иван и Надежда знали французский и немецкий, но в Америке им требовался английский. В 1857 году Турчаниновы продали землю и переехали в Филадельфию. Здесь Иван посещал классы инженеров в Университете Пенсильвании, а Надежда училась в Женском медицинском колледже. Уже в следующем году — 1858-м — они переехали в Иллинойс, где Иван получил работу инженера в железнодорожной компании. В Иллинойсе Турчаниновы стали Турчиными...

Получить работу в Железнодорожной компании Джону Турчину помог главный инженер этой компании Джордж

Маклеллан. Тот самый Маклеллан, с которым полковник Турчанинов познакомился во время обороны Севастополя. И в Иллинойсе Джон Турчин стал активным членом антирабовладельческой партии — Республиканской.

Одним из главных юристов Иллинойской железнодорожной компании был Авраам Линкольн. Он защищал её интересы во многих судебных процессах. Встречался ли инженер Турчин с адвокатом Линкольном? Несомненно. И, вероятно, неоднократно. В 1858 году, когда Линкольн выдвинул свою кандидатуру в Сенат, Турчин поддержал его не только словом. Линкольн участвовал в серии дебатов с демократом Стивеном Дугласом, и Турчин нарисовал к одному из дебатов громадный плакат с изображением спорщиков. Много лет спустя Турчин написал об этом в газету *Chicago Tribune*. Он писал, что его плакат способствовал поддержке аудиторией Линкольна.

В 1860 году Турчин приветствовал победу Линкольна на президентских выборах, а как только весной 1861-го началась Гражданская война, инженер Турчин был в числе первых работников Иллинойской железнодорожной компании, которые вступили добровольцами в армию. Поскольку Турчин был кадровым военным, он сразу получил звание полковника и принял 19-й Иллинойский пехотный полк. Во всём полку 39-летний полковник был единственным профессиональным военным. «Он был нам как отец и называл нас своими мальчиками», — вспоминал один из солдат турчинского полка. Военная служба Турчина в Америке началась с обучения мальчиков военному делу.

Полковник Турчин готовил свой полк к будущим боям и в то же время ни от кого не скрывал несогласия с тем, как ведётся война. Турчин видел главную цель войны в освобождении рабов. Но иначе считало высокое начальство, в том числе и главнокомандующий президент Линкольн. Он видел главную цель в сохранении единства страны. Вопрос об освобождении рабов даже не стоял. В начале войны у полковника Турчина в армии был только один единомышленник — генерал Джон Фремонт, который в 1856 году был первым в истории кандидатом Республиканской партии в президенты. В начале войны он был единственным генералом северян, считавшим, что сражаться надо за освобождение рабов. Командование придерживалось иного мнения. И если, к примеру, в расположение северян попадали бежавшие из неволи рабы, их полагалось возвращать владельцам.

Негодовал Турчин и по поводу дружеского отношения северян к южанам. Находившимся на территории врага запрещалось конфисковывать скот, фураж...

Уинстон Черчилль назвал Гражданскую войну в Америке «последней войной джентльменов». В первые год-полтора она действительно была такой. И полковник Джон Турчин негодовал. Северянам, считал он, следует брать пример с европейцев: враг есть враг. За словами последовали дела.

2 мая 1862 года бригада, которой командовал полковник Турчин, захватила в Алабаме город Афины. Город этот переходил из рук в руки, и когда в нём оказывались северяне, местные жители категорически отказывались продавать солдатам Турчина съестные продукты и часто стреляли в них. У Турчина лопнуло терпение. Он решил, что гражданское население должно нести ответственность за свои поступки. Турчин объявил солдатам, что закрывает на два-три часа глаза на всё, что произойдёт в Афинах.

Это было 2 мая 1862 года.

«Афины отданы на разграбление и разграблены» — напоминает в наши дни памятный стенд у здания городского суда. На нём написано, что войска под командованием полковника Джона Бэйзила Турчина разграбили город, а после этого превратили церкви в конюшни. Каждый, кто остановится у стенда, узнает, что полковник Турчин родился в России как Иван Васильевич Турчанинов, что он был отдан под суд, но до того, как военный трибунал принял решение по его делу, президент Линкольн помиловал его и повысил в чине до бригадного генерала.

В самом деле, как только непосредственный начальник полковника Турчина генерал Дон Карлос Бьюэлл узнал о том, что произошло в Афинах, он распорядился отдать Турчина под суд. 7 июля военно-полевой суд начался. Дело Турчина рассматривали семеро высших офицеров — шестеро полковников и генерал Джеймс Гарфилд. Турчину предъявили несколько обвинений, суть которых сводилась к тому, что он не подчиняется приказам. Он признал себя виновным только в одном: вопреки распоряжениям начальства позволил своей жене быть рядом с собой в качестве медицинской сестры.

Суд всё ещё продолжался, когда Турчин получил из Вашингтона телеграмму. Телеграмма была от жены: «Как ваше здоровье, бригадный генерал Турчин? Что происходит в суде?»

Не «полковник Турчин», а «бригадный генерал»!.. Подсудимый опешил. Ещё больше опешили судьи. Оказалось, что пока они рассматривали дело полковника, тот был произведён в генералы. Это было сделано по распоряжению Линкольна.

Неизвестно, встречались ли Нэдин Турчин с Линкольном. Не исключено, что да. В то время частному лицу было неизмеримо легче, чем сегодня, встретиться с президентом. К тому же в летнее время Линкольн жил не в Белом доме, а на даче неподалёку от Вашингтона. Возможно, что за Турчина замолвил слово кто-то, кто знал его и Линкольна в Чикаго. Возможно, президент помнил инженера Иллинойской железнодорожной компании.

Спустя 18 лет после суда — в 1880 году — Джон Турчин поддержал на президентских выборах кандидата Республиканской партии бывшего генерала Гарфилда, который председательствовал на военно-полевом суде.

После суда Турчин продолжал войну генералом. И вскоре Гражданская война перестала быть «войной джентльменов». Северяне взяли на вооружение «тактику выжженной земли» — такую, на какой с самого начала войны настаивал Турчин. А бригадный генерал Турчин воевал и одновременно занимался теорией военной науки. Его теоретические работы были признаны лучшим учебником по тактике полевой войны.

В 1863 году наступил звёздный час генерала Турчина. Он прославился в битвах при Чикамоге и Чаттануге. В битве при Чикамоге решительные действия Турчина практически спасли армию северян от разгрома. После этой битвы Турчин воссоздал — по заданию военного министерства — карту сражения.

Прославилась бригада Турчина и в овладении Чаттанугой, а затем в битве за Атланту. А в июне 1864 года, после сердечного приступа, генералу Турчину пришлось уйти с военной службы. Он снова стал гражданским лицом и написал книгу о битве при Чикамоге. Нэдин

Турчин опубликовала военный дневник, который вела с 1863 по 64-й год.

Турчин ещё служил в армии, когда посол России в Вашингтоне Эдуард де Стекль отправил министру иностранных дел России Александру Горчакову такое послание: «У меня есть информация, что среди солдат (армии Союза) есть несколько русских добровольцев... Я также узнал, что кто-то по имени Турчанинов, бывший русский офицер, является командиром подразделения. Не знаю, кто он и как он оказался здесь...»

Турчин действительно был не единственным русским в армии Союза. В одном из номеров журнала *Russian Review* за 1942 год опубликована статья «Джон Турчин: русский генерал в американской Гражданской войне». В ней упоминаются «Владимир Магазинофф и некоторые другие матросы, дезертировавшие с кораблей, посетивших Америку и записавшихся в армию Севера...» В этой же статье упомянут грузинский принц Александр Эристави, сражавшийся в армии северян. Принца Эристави упоминает и грузинский кинодокументалист Ираклий Махарадзе в книге «Грузинские наездники трюков в американских шоу „Дикий Запад"». Продюсером шоу был Уильям Коди, известный всей Америке как Баффало Билл. В 2015 году книга была опубликована на английском языке. «Эристави сражался, — пишет Махарадзе, — под командованием Ивана Турчанинова, более известного под американизированным именем Джон Бэйзил Турчин».

Что же касается дезертирства русских матросов с российских военных кораблей, то это установленный факт. Осенью 1863 года по взаимной договорённости между администрацией Линкольна и российским императором

Александром II в Америку пришли две эскадры императорского военно-морского флота. Одна, шесть кораблей, — в Нью-Йорк; вторая, шесть кораблей, — в Сан-Франциско. Находились они в Америке до апреля 1864 года. Россия была одной из двух европейских стран, которые безоговорочно поддерживали Север в войне с Югом. Вторая страна — Швейцария... Программа пребывания российских моряков в Америке была обширнейшей. Многие из них позже писали о визите. Среди тех, кто оставил воспоминания, был будущий композитор Николай Андреевич Римский-Корсаков. Он служил гардемарином на клипере «Алмаз», который бросил якорь в нью-йоркской гавани. Римский-Корсаков побывал в Вашингтоне, на Ниагарском водопаде, совершил поездку по Гудзону до Олбани... «Ожидавшаяся война с Англией не состоялась, — писал Римский-Корсаков, — и нам не пришлось каперствовать и устрашать английских купцов в Атлантическом океане...»

Российские эскадры отправились домой, когда стало ясно, что Англия не признает Конфедерацию и не намерена воевать с Союзом. Эскадры отбыли из Америки, не досчитавшись какого-то числа матросов.

В работах о Гражданской войне историки время от времени вспоминают генерала Джона Турчина. В бывших штатах Конфедерации, особенно в Алабаме, его не чествуют. Но вот на Севере, особенно в Иллинойсе, он и Нэдин Турчин остаются героями.

В иллинойском городке Маунд-Сити на берегу реки Огайо находится национальное кладбище. Здесь похоронены граждане Иллинойса, сражавшиеся в американской армии в различных войнах, начиная с Гражданской, и здесь нашли вечный покой генерал Турчин и его жена.

Джон умер в 1901 году в 79 лет, Нэдин — в 1904-м в 72 года. Последние годы их были нелёгкими. Турчин участвовал в различных коммерческих проектах и, как правило, выходил из них, потеряв все вложенные деньги. В конце концов боевые друзья помогли ему выбить 50-долларовую месячную пенсию. Такая пенсия полагалась ветеранам Гражданской войны, но бюрократы вспомнили о военно-полевом суде, и поэтому потребовались усилия, чтобы Турчин получил её. 22 мая 1900 года Конгресс принял специальное решение о пенсии Турчину. А вдове пришлось походить по инстанциям, прежде чем она получила заслуженную мужем пенсию. Сенатский комитет по пенсиям одобрил её просьбу 17 февраля 1902 года. Спустя два года Нэдин скончалась.

Покорители Карнеги-Холла

Существует ли в культурном мире хотя бы один человек, который не знает о Карнеги-Холле — одном из самых знаменитых концертных залов в мире? Не перечислить выдающихся дирижёров и исполнителей, выступавших в Карнеги-Холле, названном в честь Эндрю Карнеги, финансировавшем его строительство. Этот зал был открыт 5 мая 1891 года. Открыт концертом Нью-Йоркского симфонического оркестра, которым дирижировал Пётр Ильич Чайковский. Чайковский стал первым россиянином, выступавшем в Карнеги-Холле, чьи произведения исполнялись здесь. Он открыл дорогу другим.

Среди тех, кто выступал в Карнеги-Холле, были и композиторы, и исполнители, эмигрировавшие из России: Сергей Рахманинов, Игорь Стравинский, Александр Зилоти, Владимир Горовиц, Яша Хейфец. Какое созвездие имён! Есть ли вторая страна, которая дала миру таких музыкантов! Трудно рассказать о всех в одной главе. Я начну с Рахманинова, Стравинского и Зилоти, каждый из которых был и композитором, и пианистом, и дирижёром. Хронология обязывает начать с Александра Зилоти. Он — самый старший из этой тройки и, возможно, наименее известный.

Зилоти родился в 1863 году неподалёку от Харькова. В восемь лет поступил в Московскую консерваторию. Одним из его учителей был Чайковский, он преподавал Саше теорию музыки. Зилоти окончил Консерваторию как пианист с золотой медалью и отправился продолжать образование в Германию — к Ференцу Листу. В 1883 году 20-летний Зилоти дал в Лейпциге свой первый концерт. По возвращении в Россию он совмещал концертную деятельность с преподаванием в Консерватории. Одним из учеников Зилоти был его кузен Сергей Рахманинов.

Женой Зилоти стала пианистка Вера Третьякова — дочь Павла Третьякова, основателя Третьяковской галереи. В 90-е годы Зилоти много гастролировал за рубежом, и не только в Европе. В 1898-м выступал в Нью-Йорке, Бостоне, Чикаго и Цинциннати. В начале XX века Зилоти стал главным дирижёром симфонического оркестра Московской филармонии, в эти годы всероссийскую известность приобрели «Концерты Зилоти». Вместе с музыковедом Александром Оссовским он знакомил публику с произведениями неизвестных композиторов, многие из ко-

Александр Зилоти

торых затем прославились. Зилоти исполнял их произведения, Оссовский рассказывал о них. Именно Зилоти познакомил слушателей с Игорем Стравинским. Следует заметить, «Концерты Зилоти» часто были бесплатными.

В 1919 году Зилоти эмигрировал с семьёй из Советской России. Через три года он приехал в Америку и с 1922-го по 1942-й преподавал в знаменитой Джульярдской школе в Нью-Йорке. Преподавал и продолжал выступать. В ноябре 1930 года Зилоти выступил вместе с Артуро Тосканини в легендарном концерте, в котором исполнялись только произведения Листа.

Умер Александр Зилоти в Нью-Йорке 8 декабря 1945 года. Ему было 82 года.

* * *

Сергея Рахманинова считают одним из лучших в мире композиторов первой половины XX века. Он также остался в истории как выдающийся пианист и дирижёр. Могло, однако, случиться, что Рахманинов не стал бы музыкантом.

В 1885 году директор Санкт-Петербургской консерватории Карл Давыдов решил исключить 12-летнего Серёжу Рахманинова, лентяя и лоботряса. Любовь Рахманинова, мать мальчика, не согласилась с решением директора. Она обратилась за советом к своему племяннику Александру Зилоти, уже известному в то время пианисту. Сначала Зилоти встретился с Давыдовым, и директор Санкт-Петербургской консерватории скривил лицо: «Учить этого негодника — пустая трата времени», — сказал он. Но Зилоти счёл нужным познакомиться с мальчиком.

Он принял приглашение своей тётки, пришёл к Рахманиновым. Сергей сел за пианино. «Талант! — сказал Зилоти. — Отправьте его в Московскую консерваторию к моему учителю Николаю Сергеевичу Звереву». Любовь Рахманинова последовала совету племянника.

В 19 лет Рахманинов закончил Консерваторию с золотой медалью. Его дипломной работой была одноактная опера «Алеко» по поэме Пушкина «Цыгане». Большой театр принял её к постановке. Главную партию исполнял Фёдор Шаляпин, которому было, как и композитору, 19 лет. Рахманинов и Шаляпин подружились и десятилетиями оставались друзьями.

В последующие годы Рахманинов сочинял музыку, дирижировал оркестрами, выступал как пианист. Он постоянно гастролировал по Европе, в 1909 году впервые пересёк Атлантический океан, выступал с концертами в Нью-Йорке, Балтиморе, Хартфорде, Бостоне, Чикаго, Торонто... Переполненные залы, восторженные рецензии в газетах... 36-летнего пианиста встречали на ура.

Отправляясь на зарубежные гастроли, Рахманинов никогда не сомневался, что вернётся в Россию. Не сомневался и 23 декабря 1917 года, когда сел в Петрограде вместе с женой и двумя дочерями на пароход, направлявшийся в Стокгольм. Как и многие эмигранты из Советской России, Рахманинов был уверен: долго большевики у власти не продержатся. Он не знал, что покидает Россию навсегда. Приплыв 11 ноября 1918 года в Нью-Йорк из Осло, Рахманинов рассматривал жизнь в Америке как временную. Уже через несколько дней он подписал контракт на серию концертов. Компания «Стейнвей» предоставила ему в аренду рояль. Для неё не было лучшей рекламы, чем сообщение в газетах, что знаменитый пианист готовится к концертам за её роялем. Уже 8 декабря — меньше, чем через месяц после приезда в Нью-Йорк — Рахманинов дал концерт в Провиденсе — столице штата Род-Айленд.

Когда Рахманинов приехал в Америку, он уже был самым высокооплачиваемым пианистом по обе стороны Атлантического океана. Он не испытывал никаких финансовых затруднений, в отличие от большинства своих соотечественников-иммигрантов. Рахманинов помогал каждому, кто обращался за помощью. Он помог Игорю Сикорскому основать авиационную компанию в Америке, дав ему 5 тысяч долларов — в то время сумму немалую. Рахманинов помогал Владимиру Набокову и его семье в первые их месяцы в Америке. Также он поддержал деньгами театрального актёра и режиссёра Михаила Чехова. Жертвовал Толстовскому фонду, основанному дочерью писателя Александрой Львовной для помощи эмигрантам из Советского Союза. Впоследствии на протяжении десятилетий этот Фонд помогал эмигрантам.

Рахманинов, пианист, был нарасхват. Трудно назвать большой город

Сергей Рахманинов

в Америке, где бы он не выступал. В летние месяцы обычно гастролировал в Европе, и ему всюду сопутствовал успех.

В Карнеги-Холле Рахманинов выступал неоднократно. 2 ноября 1935 года среди его слушателей были советские писатели Илья Ильф и Евгений Петров, совершавшие путешествие по Америке, о котором отчитались в книге «Одноэтажная Америка». Впрочем, когда путешествовали, они не забывали и о многоэтажной — в частности о Нью-Йорке. В своей книге Ильф и Петров упомянули концерт Рахманинова в Карнеги-Холле. Рахманинов, читаем мы, «высокий, согбенный и худой, с длинным печальным лицом, подстриженный бобриком, он сел за рояль, раздвинув фалды чёрного старомодного сюртука, поправил огромной кистью руки манжету и повернулся к публике. Его взгляд говорил: „Да, я несчастный изгнанник и принуждён играть перед вами за ваши презренные доллары. И за всё своё унижение я прошу немного — тишины...“ Рахманинов кончил. Мы ожидали взрыва. Но в партере раздались лишь нормальные аплодисменты... Чувствовалось холодное равнодушие, как будто публика пришла не слушать замечательную музыку, а выполнить какой-то скучный, но необходимый долг. Только с галёрки донеслось несколько воплей энтузиастов...»

Ильф и Петров, востребованные в Советском Союзе писатели, выполняли социальный заказ советского агитпропа. Поэтому и «презренные доллары», и «несчастный изгнанник», и «холодное равнодушие публики»... Я не был на концерте, о котором упомянули авторы «Одноэтажной Америки». Однако рецензии нью-йоркских газет той поры на выступление Рахманинова дают основание не сомневаться, что и 2 ноября 1935 года его проводили овацией. Но разве могли Ильф и Петров позволить себе написать об овации иммигранту?!

Можно с достаточной долей уверенности утверждать, что Рахманинов никогда не терял связи с Россией. Не с Советским Союзом, а с Россией. Вот лишь два примера.

В январе 1923 года в Нью-Йорк на гастроли приехал Московский художественный театр. Рахманинов был поклонником МХТ. Он не только посещал нью-йоркские спектакли московских гостей, но устраивал для них приёмы в Нью-Йорке в доме номер 33 по Риверсайд-драйв, где у него была своя квартира. Зимой 1923 года Рахманинов принимал легендарных ныне актёров МХА-Та. Среди них были Василий Иванович Качалов, Иван Михайлович Москвин, художественный руководитель театра Константин Сергеевич Станиславский... В доме на Риверсайд-драйв бывали также Фёдор Шаляпин, Александр Зилоти, хореограф Михаил Фокин... В летние месяцы Рахманинов принимал гостей в своём летнем нью-джерсийском доме в городке Рамсон. Когда его навещал Шаляпин, хозяин садился за рояль, а гость пел. Однажды, когда хозяин и гости уже достаточно приняли, Шаляпин исполнил «Очи чёрные». Годами позже один из гостей — Иван Остромысленский, выдающийся химик, — вспоминал, что, встав рано утром и выйдя в сад, он увидел хозяина. Рахманинов сказал, что не мог заснуть — находился под впечатлением шаляпинского пения. «И каким же голосом наделил его Господь!» — восхищался Рахманинов.

Рахманинов не испытывал ни малейших симпатий к Советскому Союзу, но когда немецкие войска вторглись на советскую территорию, он счёл нужным помочь русскому народу. Четыре тысячи долларов, полученные за концерт в Карнеги-Холле 1 ноября 1941 года, Рахманинов пожертвовал организации, покупавшей для Советского Союза медикаменты, хирургические инструменты и еду.

Война сблизила Рахманинова с Игорем Стравинским. Прежде они не были друзьями, старались избегать друг друга. В мире музыки трудно было найти двух столь непохожих композиторов, как романтик Рахманинов и модернист Стравинский.

В Америке 1920–30-х годов Рахманинов-пианист был известен каждому любителю музыки, а вот Рахманинова-композитора знали гораздо меньше… Сегодня же в первую очередь он известен именно как композитор — и в Америке, и во всём мире. Его Второй Концерт и Вторая Симфония исполняются на всех мировых конкурсах. В России, на родине Рахманинова, он — как композитор — любим и почитаем не меньше Чайковского, а возможно, и больше. Осенью 2021 года, перед началом нового концертного сезона, Московская филармония обратилась к потенциальным слушателям с вопросом, произведения каких композиторов они хотели бы услышать. Организаторы не сомневались: первым будет назван Чайковский. Но ошиблись: большинство меломанов предпочло Рахманинова. У музыковедов есть объяснение: музыка Рахманинова предельно искренняя и доверительная, говорит со слушателем напрямую, умно и честно, без условностей и формальностей. Что же касается исполнителей — пианистов, они едва ли не в один голос утверждают: Рахманинов подарил нам сочинения, составляющие основу нашего репертуара — источник нашей концертной энергии.

Рахманинова называют «самым русским композитором». Более русским, чем Мусоргский. Сам он говорил: «Я русский композитор, и моя родина наложила отпечаток на мой характер и мои взгляды». Родиной он считал Россию, а не Советский Союз.

Сергей Рахманинов не дожил до победы союзников. Он умер 28 марта 1943 года, за три дня до 70-летия. Его прах был перевезён в Нью-Йорк и похоронен на кладбище Кенсико — в графстве Вестчестер, чуть к северу от Нью-Йорка. Здесь же похоронены, в частности, Айн Рэнд и Давид Сарнофф.

* * *

Игорь Стравинский родился в 1882 году в Ораниенбауме — городе в нескольких десятках километров от Санкт-Петербурга. В 1948 году этот город стал называться Ломоносовым. Знаменит он зданиями XVIII века, в частности дворцом князя Меншикова — сподвижника Петра Первого. Стравинский родился на даче, принадлежащей его отцу, Фёдору Стравинскому — солисту оперы Мариинского театра.

По настоянию родителей Игорь Стравинский поступил на юридический факультет Санкт-Петербургского университета, но его сердце принадлежало музыке. Ему было 22 года, когда он начал брать частные уроки у Николая Андреевича Римского-Корсакова, и в сущности эти уроки были единственной композиторской школой Стравинского. Два года занятий сделали его профессионалом.

Игорь Стравинский

Под руководством Римского-Корсакова он написал свои первые сочинения, в том числе сюиту для голоса с оркестром «Фавн и пастушка». На премьере присутствовал Сергей Дягилев — в то время начинающий балетмейстер, готовившийся создать собственную труппу. Он предложил Стравинскому написать балет для постановки в Париже. И в 1910 году Стравинский создал «Жар-птицу», за которой последовали балеты «Петрушка» и «Весна священная». К 1913 году 31-летний Стравинский получил мировую известность. Когда к власти в России пришли большевики, он решил остаться во Франции.

В 1924 году Стравинский дебютировал как пианист — в Париже исполнил собственный концерт для фортепиано и духового оркестра, оркестром дирижировал Сергей Кусевицкий. Начиная с 1936 года Стравинский постоянно гастролирует в Америке... В 1939–40-м учебном году он прочитал в Гарвардском университете цикл из шести лекций о «Музыкальной поэтике». Говорил Стравинский на французском, который переводили студентам на английский. Через шесть лет лекции Стравинского были изданы на английском, а в 2021 году увидели свет и в России.

В 1940 году, когда Франции уже грозило вторжение Германии, Стравинский уехал в Соединённые Штаты навсегда, в 1945-м став американским гражданином.

Сначала Стравинский поселился в Сан-Франциско, но вскоре перебрался в Лос-Анджелес, где существовала большая русскоязычная община. Вот здесь-то и произошла его встреча с Рахманиновым, жившим в Беверли-Хиллз.

Стравинский жил и творил как дирижёр и пианист. В 1962 году он впервые выступал с концертами в Советском Союзе. Интересно его признание незадолго до смерти: «Даже сейчас, спустя полвека после того, как я покинул мир, говорящий на русском, я по-прежнему думаю по-русски, а на других языках говорю, переводя с него».

Стравинский скончался 6 апреля 1971 года в возрасте 88 лет. Он умер в Нью-Йорке, а похоронен в Венеции на кладбище Сан-Микеле, рядом с женой Верой, неподалёку от могилы Сергея Дягилева.

В 1996 году на этом кладбище был похоронен поэт Иосиф Бродский. В 2009-м — журналист Пётр Вайль.

Пианист, которому не было равных

окинув навсегда Советский Союз, Сергей Рахманинов поддерживал — и в Европе, и в Америке — тесные отношения со многими беженцами от большевиков. Но среди десятков, а может, и сотен были двое, которых биографы Рахманинова называют самыми близкими его друзьями: Фёдор Шаляпин и Владимир Горовиц.

Мы знаем совершенно точно дату и место первой встречи Рахманинова и Горовица. Это произошло в Нью-Йорке 8 января 1928 года. Несколькими днями ранее Горовиц впервые приехал в Америку и 12 января должен был дебютировать в Карнеги-Холле. А за четыре дня до своего дебюта он встретился с Рахманиновым в Манхэттене в Стейнвэй-Холле — главном магазине компании «Стейнвэй и сыновья». Инициатором встречи был Рахманинов, и когда Александер Грейнер, представитель компании «Стейнвэй», спросил у Горовица, согласится ли он встретиться с Рахманиновым, Горовиц воскликнул: «Он — музыкальный бог моей юности!»

Спустя четыре дня Рахманинов аплодировал Горовицу, исполнившему в Карнеги-Холле Первый концерт Чайковского. А когда Рахманинов услышал свой Третий концерт в исполнении Горовица, то отказался от исполнения отныне этого концерта на публике, будучи уверенным, что лучше Горовица не сыграет.

Но и Горовиц преклонялся перед Рахманиновым. Однажды он дал такое наставление своему менеджеру: «Если Рахманинов играет в Нью-Йорке, а меня в это время нет в городе, дайте мне знать телеграммой о его концерте, и я приеду в Нью-Йорк вне зависимости от своего расписания».

Когда они впервые встретились в Нью-Йорке, Рахманинову было почти 55 лет, Горовицу — только 25. И такая разница в возрасте не помешала им стать друзьями. О пути Рахманинова в мир музыки мы знаем. Познакомимся с путём Горовица.

Горовиц родился в Киеве в 1903 году. Отец был инженером-электриком и предпринимателем, мать — пианисткой. В семье было четверо детей: три сына и дочь. Все учились в консерватории. Семья была состоятельной. Дед Горовица по отцовской линии был купцом первой гильдии. 17-летний Владимир с блеском закончил Киевскую консерваторию в 1920 году и тогда же в Харькове дал первый сольный концерт. Ну а затем…

Большевистский режим отобрал у семьи Горовица всё, что только можно было отобрать, а вскоре после Гражданской войны решил сблизить Горовица с простым народом. По распоряжению наркома просвещения Луначарского, пианиста Горовица и скрипача Натана Мильштейна обязали ездить по стране и выступать на заводах перед рабочими. Они выступали ежедневно, иногда по два, а то и по три раза. Надо ли это было рабочим? Сомнительно. Приносили ли такие концерты удовлетворение Горовицу и Мильштейну? Ответ ясен… Но Горовиц и Мильштейн не могли отказаться, отказ лишил бы их возможности играть в столицах — в Москве и Петрограде.

В конце 1925 года власти разрешили Горовицу вдохнуть свежего воздуха — съездить на гастроли за границу. В этом не было ничего необычного. За границу отпускали и Горького, и Маяковского, и Есенина, и других выдающихся деятелей культуры. Но Горовиц, отправляясь за границу, знал, что не вернётся. Он был уже по горло сыт советской властью.

Первый концерт Горовица в Европе состоялся 18 декабря 1925 года в Берлине. Известна легенда об этом концерте: будто бы выступать должен был кто-то другой, но этот пианист внезапно заболел, и Горовица едва ли не случайно нашли в гостинице и уговорили выступить. И он без единой репетиции сыграл Первый концерт Чайковского и… тут же прославился на весь мир. Это — легенда. На самом деле концерт в Берлине был запланированным, и Горовиц к нему готовился. Но факт: это был триумф. После Берлинского концерта антрепренёрам не составило труда организовать выступления

Владимир Горовиц

Горовица в других городах Германии, а затем и в Париже. В 1927 году в Париже советский консул встретился с Горовицем и грозил ему всевозможными карами, если он не вернётся в СССР. После этого Горовиц решил уехать как можно дальше — за океан.

И вот американский дебют — 12 января 1928 года в Нью-Йорке, в Карнеги-Холле, и знакомство с Рахманиновым, перед которым Горовиц преклонялся с детских лет. Триумф в Карнеги открыл двери всех американских концертных залов.

Двадцатый век можно смело назвать веком великих пианистов. В первой половине столетия это — Падеревский, Гофман, Рахманинов, Корто... Во второй — Рихтер, Гилельс, Рубинштейн, Кемпфф, Нейгауз... И этими именами список великих пианистов не ограничивается. Но над всеми высится Владимир Горовиц. Ну а если бы он остался в Советском Союзе?

В 1930 году за контрреволюционную деятельность был осуждён брат Григорий, скрипач. В этом же году умерла на операционном столе мать Горовица. В 1937 году арестован — в четвёртый раз — отец, который бесследно сгинул в ГУЛАГе. В 1975-м Горовиц оформил документы на поездку к нему в Америку сестры Регины, но советская власть её не выпустила, и это в то время, когда Горовиц был уже всемирной знаменитостью.

В годы Второй мировой войны Горовиц часто выступал с концертами для сбора средств на борьбу с фашистами. 10 миллионов 941 тысячу долларов принёс в 1943 году только один его концерт в Карнеги-Холле.

Горовиц всё же побывал в Советском Союзе. В 1986 году он триумфально выступал в Москве и Ленинграде. Ему уже было 83 года, более чем солидный возраст для пианиста. Его приветствовали переполненные залы. После СССР Горовиц выступал в Европе, затем в Японии.

В конце 1986 года Горовица и его жену принял в Белом доме президент Рональд Рейган, и первая леди Нэнси Рейган вручила гражданину Соединённых Штатов Горовицу Президентскую медаль свободы — высшую в стране награду для гражданских лиц.

Владимир Горовиц умер 5 ноября 1989 года в Нью-Йорке. Он похоронен в Милане в семейном склепе своего тестя — дирижёра Артуро Тосканини. Единственная дочь Горовица — Соня Тосканини Горовиц — умерла, когда её отец и мать были ещё живы.

«Фортепианная игра, — говорил Горовиц, — состоит из здравого смысла, сердца и технических средств. Всё должно быть развито в равной мере. Без здравого смысла вы потерпите фиаско, без техники вы — дилетант, без сердца — машина...»

Владимир Горовиц обладал всеми тремя составляющими, необходимыми для игры на фортепиано.

Яша Хейфец — «Король скрипки»

Весьма сомнительно, чтобы Яша Хейфец пришёл в восторг, если бы прочитал — или услышал — такой комплимент. Будучи человеком весьма состоятельным, он никогда не забывал о нелёгком детстве: отце — преподавателе игры на скрипке, которому приходилось играть на свадьбах в Вильно, чтобы заработать на пропитание, и о Еврейском обществе, оплатившем его учёбу в музыкальном училище и собравшем деньги для переезда семьи в Петербург, где он, 9-летний (!), был принят в класс прославленного педагога Леопольда Ауэра.

Хейфец был, как сказали бы сегодня, «пропагандистом общественно-политических идей», то есть либералом. Во второй половине 60-х годов он активно участвовал в кампании за учреждения телефонного номера 911 для вызова немедленной помощи. В 1967 году он стал одним из первых в мире борцов за «зелёную энергию» — переоборудовал свою машину («Рено») в электромобиль. Вообразить Хейфеца королём совершенно невозможно. Зато его не пришлось уговаривать, чтобы он предстал перед слушателями в форме рядового американской армии. Это произошло через несколько дней после победы союзников в Европе.

Во время Второй мировой войны Хейфец постоянно выступал в воинских частях, и последние недели войны застали его в Германии. Вместе с 18-летним аккомпаниатором Сеймуром Липкиным, который годился ему в сыновья, он выступал ежедневно. Спустя две недели после победы, 22 мая, генерал Омар Брэдли попросил Хейфеца выступить на приёме в честь маршала Ивана Конева, командовавшего группой войск 1-го Украинского фронта, которые взяли Берлин. Неделей ранее Брэдли был гостем Конева и остался в восторге от концерта, последовавшего за обильной трапезой. Больше всего американскому генералу понравился ансамбль танцовщиц в солдатских гимнастёрках. Брэдли не скрывал восхищения. «Ничего особенного, — сказал Конев. — Простые русские девушки».

Через неделю перед Коневым и его высшими офицерами выступали киноактёр Микки Руни и джаз-бэнд Гленна Миллера (самого Миллера уже не было в живых); Хейфец с Липкиным завершали концерт. Конев не скрывал

Яша Хейфец

восторга: «Великолепно! Великолепно!» — «Ничего особенного, — сказал Брэдли. — Всего лишь американские солдаты».

«Американский солдат» Иосиф Рувимович Хейфец родился в 1901 году в Вильно (ныне Вильнюс) — крупнейшем городе в Литве, входившей в состав Российской империи. Отец начал учить сына играть на скрипке, когда мальчику исполнилось три года. В пять лет Яша уже брал уроки у Ильи Малкина — ученика Леопольда Ауэра, который воспитал плеяду блестящих скрипачей и в 1918 году уехал в Америку. В семь лет Яша Хейфец впервые выступил в концерте, а когда ему исполнилось девять, поступил в Санкт-Петербургскую консерваторию к самому Ауэру. Хейфецу было 12, когда он дал концерт в Берлине, и бывший одним из слушателей всемирно известный скрипач и композитор австриец Фриц Крейслер был настолько поражён игрой юного маэстро, что заявил после концерта: «Мы все можем сломать о колено свои смычки».

В 1917 году, вскоре после Февральской революции, семья Хейфец села в Петрограде на поезд и отправилась через всю Российскую империю во Владивосток. Здесь Хейфецы поднялись на борт американского парохода и через две недели сошли на берег в Сан-Франциско. 27 октября 1917 года 16-летний Яша Хейфец впервые выступил в Карнеги-Холле, и слушавший его 26-летний скрипач Миша Эльман — также ученик Ауэра, приехавший в Америку в 1911 году, — сказал полушутя репортёрам: «Нам, скрипачам, теперь делать нечего».

В 1925 году Хейфец получил американское гражданство. К этому времени он исколесил полсвета: Европа, Австралия, Азия, Палестина... «Уже совершил четыре кругосветных путешествия», — сказал Хейфец в конце 30-х годов. Он играл с лучшими оркестрами мира и получал наивысшие гонорары...

Во время Второй мировой войны Хейфец стал одним из самых популярных артистов, выступавших в действующей армии.

В 1953 году Хейфец в очередной раз приехал в Израиль. Он выступал в Иерусалиме, Тель-Авиве, Хайфе, Реховоте, Беер-Шеве, Эйлате. Всюду ему сопутствовал триумф. Но едва ли не на каждом концерте были люди, выражавшие возмущение включением в программу сонаты для скрипки Рихарда Штрауса. В годы нацистского режима Штраус (ему было далеко за шестьдесят) возглавлял национальный камерный оркестр, который правительство поддерживало деньгами. Многие израильтяне считали Штрауса нацистским композитором, и, по их мнению, Хейфец не должен был исполнять его произведения. Но Хейфец не привык, чтобы ему диктовали, кого можно исполнять, а кого нельзя. В ходе гастролей он получил несколько писем с угрозами. Премьер-министр Давид Бен-Гурион посоветовал ему не обращать внимания на них. И вот в Иерусалиме у гостиницы «Царь Давид», в которой остановился Хейфец, на него напал парень, вооружённый железным прутом. Он ударил Хейфеца по правой руке и бросился бежать. Задержать нападавшего не удалось. Хейфец отменил свой второй концерт в Тель-Авиве. Он не возвращался в Израиль до 1970 года.

Через всю жизнь Яша Хейфец пронёс неприятие советского режима. Он публично критиковал проводимый в Москве Международный конкурс имени Чайковского за предвзятое отношение к американцам. Однажды Давид

Ойстрах сумел уговорить Эрика Фридмана, ученика Хейфеца, участвовать в конкурсе. Ойстрах возглавлял жюри конкурса скрипачей и гарантировал Фридману объективное решение. «Поедешь — убедишься, что я прав», — сказал Хейфец ученику. Фридман поехал, и жюри «наградило» его 6-м местом. К этому времени он выступал как солист с Бостонским, Чикагским и Лондонским симфоническими оркестрами.

Хейфец умер в 1987 году и похоронен в Лос-Анджелесе.

Сегодня Яшу Хейфеца можно не только слушать — записи его концертов по-прежнему известны каждому любителю классической музыки, — но его можно и видеть. Мало кому из исполнителей классической музыки повезло в кино так, как Хейфецу. Он сыграл в нескольких фильмах. Дебютировал в 1939 году в картине «Им нужна музыка» («They Shall Have Music»). Это картина об учителе музыки и бедных детях, его учениках. То есть это фильм о Яше Хейфеце, и его роль исполняет сам Яша Хейфец.

В 1947 году Хейфец сыграл в фильме «Карнеги-Холл». В 1962-м он снялся в телесериале, а спустя девять лет телевидение показало фильм «Хейфец на телевидении».

В 2011 году вышел фильм «Яша Хейфец: золотой скрипач».

«Он принадлежит истории... Такого скрипача в последние 50–60 лет не было», — сказал выдающейся американский скрипач Айзик Стерн, который родился в Украине. «Я считаю его королём скрипачей», — сказал о Хейфеце другой выдающейся скрипач Ицхак Перельман.

Согласился ли бы «рядовой американской армии» с титулом «король»?

Покоритель Америки Ирвинг Берлин

Ирвинга Берлина знает вся Америка и, я полагаю, весь англоязычный мир, а возможно, большая часть иноязычного. Его песня «Боже, благослови Америку!» стала вторым американским гимном. Часто её исполняют вместо Национального гимна США. Слова и музыку написал эмигрант из царской России Изя Бейлин, ставший великим Ирвингом Берлиным.

«Карьера Ирвинга Берлина и американская музыка переплелись навсегда. Американская музыка родилась на его пианино», — сказал гениальный скрипач Айзик Стерн в мае 1998 года в день столетия Берлина.

Берлин умер в 1989 году в возрасте 101 года. Он заснул и не проснулся. А появился на свет Израиль Бейлин 12 мая 1888 года. Он был восьмым — и последним — ребёнком Мозеса и Леи Бейлиных. Где он родился — загадка. По одним сведениям, в Сибири, в Тюмени. По другим — в местечке неподалёку от белорусского города Могилёва. Однажды он сказал, что родился в Тобольске. Берлину врезался в память лишь один эпизод из его доамериканской жизни: еврейский погром. Он лежал у дороги вместе с родными и видел, как горит их дом. После погрома Бейлиных приютили родственники в Толочине. И вот из этого-то белорусского города семья Бейлиных уезжала в Америку в 1893 году, когда будущему композитору было пять лет.

Логичен вопрос: как многодетная нищая семья сумела совершить путешествие сначала через всю Европу до Антверпена, а затем на пароходе через Атлантический океан? Да ведь и не только семья Бейлиных проделала такой путь. Тысячи евреев, живших в Российской империи, бежали в Америку. И у многих из них не было ни гроша за душой...

История такова. В 1860 году австрийский дворянин Морис фон Гирш, один из богатейших банкиров Европы, основал Еврейское колониальное общество, которое финансировало переселение евреев в Америку. Больше всего оно помогало евреям из Российской империи. Отделения этого общества находились в различных городах Европы. А в 1881 году в Нью-Йорке была создана благотворительная организация Общество помощи еврейским иммигрантам (Hebrew Immigrant Aid Society — HIAS). Она взяла на себя заботу о еврейских беженцах из Европы.

Самым трудным участком на пути Бейлиных, как и других еврейских семей, направлявшихся в Америку, была дорога до города Броды. Сейчас этот город находится на западе Украины, а в конце XIX века это была восточная точка Австро-Венгрии. Неизвестно, как удалось Бейлиным добраться до Бродов, но как только они попали в этот город, их взяло под опеку Еврейское колониальное общество. Однако прежде чем взять на себя финансовые обязательства, работники общества должны были убедиться, что Америка примет Бейлиных.

Напомню: это был 1893 год. Годом ранее в нью-йоркской бухте на острове Эллис-айленд правительство Соединённых Штатов открыло центр регистрации иммигрантов. Каждый желающий стать американцем иммигрант должен был пройти проверку. Тяжелобольных в Америку не впускали. Стариков без детей тоже не впускали...

Австрийский город Броды был первым пропускным пунктом для евреев, направлявшихся в Америку. Здесь отсеивали тех, кто мог быть забракован на Эллис-айленде. Семья Бейлиных легко прошла контроль. Мозес и Лея были здоровы и везли с собой здоровых детей — будущую рабочую силу. Америка с удовольствием принимала семьи таких иммигрантов.

14 сентября 1893 года Бейлины прибыли из Антверпена в Нью-Йорк, и вот здесь, в иммиграционном центре на острове Эллис, их фамилию записали так, как услышали, — Бэлин. В парке Баттери — на южной оконечности Манхэттена — их встречали дальние родственники Леи. Они позаботились о жилье для вновь прибывших. Бэлины поселились в подвале одного из домов на Монро-стрит — в трёхкомнатной квартире без окон. Началась новая глава в истории семьи, давшей Америке — да и всему миру — гениального Ирвинга Берлина.

Началась эта глава в Нижнем Ист-Сайде — в районе Манхэттена, где оседали евреи из Восточной Европы. Прожив несколько месяцев на Монро-стрит, Бэлины перебрались на Черри-стрит — сняли в доме номер 330 квартиру с окнами.

Мозес Бэлин был кантором. Но в Нью-Йорке канторов было больше, чем требовалось, и глава семейства нашёл

работу в мясной лавке.
Он также пел в местной
синагоге. В хоре этой
синагоги пел его млад-
ший сын Изя. А когда
Изе исполнилось семь
лет, мать определила
его в школу.

Учился Изя плохо.
Бросил школу в 13 лет,
вскоре после смерти
отца. Чтобы заработать
деньги для семьи, стал
разносчиком газет. Он

Ирвинг Берлин

подрабатывал этим и когда учился. А когда ушёл из школы, продажа газеты *New York Evening Journal* стала его
постоянным «бизнесом». Газета стоила один цент. По-
лцента доставалось продавцу — «ньюзбою». И ньюзбой
Изя Бэлин начал открывать для себя новые районы Нью-
Йорка: площадь Таймс-сквер, Сити-Холл, мосты через
Ист-ривер. Он не забывал о ресторанах и барах. Продавая
газеты посетителям этих заведений, Изя обратил внимание на мальчишек, которые пели пародийные куплеты
на темы дня. Публика бросала им мелочь, как правило,
пенни. Это давало дополнительный заработок.

Изе Бэлину ещё не исполнилось 14, когда он начал
жить самостоятельно. Парень пришёл к выводу, что
вносит в общий семейный котёл меньше, чем братья
и сёстры, и не хотел быть обузой для семьи. Уйдя из дома,
он ночевал в ночлежках. А зарабатывал юный Бэлин не
только продажей газет. Он начал подрабатывать пением.

Природный дар, унаследованный от отца-кантора, позволил ему стать поющим официантом — singing waiter.

В 1904 году 16-летний Бэлин стал поющим официантом в кафе «Пелхэм» в нью-йоркском районе Чайнатаун. Приступал к работе в 8 вечера и работал до 6 утра. В неделю зарабатывал семь долларов плюс чаевые. Он сам писал тексты к популярным мелодиям. Исполнял их под аккомпанемент рояля, за которым обычно сидел Майк Николсон, или просто Ник. Постоянными посетителями кафе были иммигранты из Италии. Они заказывали итальянские песни. Однажды Изе и Нику — певцу и пианисту — пришла в голову мысль написать оригинальную песню. И они сочинили «Марию из солнечной Италии». Авторы обратились к издателю Джозефу Стерну с просьбой опубликовать ноты и слова. Они заплатили 75 центов за печать, и песня увидела свет, но с типографской ошибкой на титульном листе. Там было напечатано: «Слова И. Берлина». Вот так в 18 лет Бэлин стал Берлиным.

Поэт Берлин продолжил писать стихи, музыку к которым сочинял Ник, а затем и другие. В начале 1909 года Берлин впервые сочинил музыку сам. Сначала он написал стихи об итальянском марафонце Пиетро Дорандо, который участвовал в Олимпийских играх в Лондоне в 1908 году, упал за несколько сотен метров до финиша, но доброжелатели помогли ему добраться до финиша. Он был дисквалифицирован, золотую медаль получил американец Джон Хайес, которому никто не помогал.

Берлин написал балладу «Дорандо». «А музыка есть?» — поинтересовался менеджер издательства, в которое Берлин принёс стихи. Поэту позарез нужны были деньги, и он сказал: «Музыка у меня в голове». Его тут же проводили в комнату, где стояло пианино, и дали в помощь аранжировщика, владевшего нотной грамотой. Родилась песня «Дорандо», которую впоследствии распевали в десятках нью-йоркских баров и ресторанов.

Вот так поэт Берлин стал и композитором Берлином. А 18 марта 1911 года 23-летний Берлин написал очередную песню, и эта песня — «Александр рэгтайм бенд» — принесла ему всемирную славу.

Мы знаем десятки шлягеров — хитов — сочинённых Ирвингом Берлином. «Щека к щеке» («*Cheek to Cheek*»), «Выпендрёж» («*Puttin' on the Ritz*»), «Белое Рождество» («*White Christmas*»)... Перечень бесконечен, ибо едва ли не каждая песня Берлина становилась хитом, и многие остаются таковыми по сей день... Моё субъективное мнение: «*Alexander's Ragtime Band*» — одно из лучших произведений Берлина... Джордж Гершвин назвал «*Alexander's Ragtime Band*» «первым настоящим американским музыкальным творением».

Американцы говорят: важно оказаться в нужном месте в нужное время. «*Alexander's Ragtime Band*» родился в то время, когда Америку начала захватывать танцевальная лихорадка, на смену вальсу пришёл фокстрот. Песня Берлина подлила масла в огонь. Под неё танцевала вся Америка, а вскоре и Европа, Нью-Йорк сходил с ума... Много лет спустя Берлин скажет: «Популярная музыка подобна алкоголю, но, в отличие от алкоголя, она ударяет не в голову, а в ноги...»

В один из первых дней 1920 года Берлин сказал за рюмкой продюсеру Сэму Харрису: «Если ты когда-либо захочешь построить театр только для музыкальной комедии, у меня есть хорошее название для него — „Мюзик Бокс"».

Берлин сказал это — и забыл. А Харрис запомнил. В мае того же 1920-го он позвонил Берлину и, разбудив его, заявил: «Ирвинг, помнишь свою идею о „Мюзик Боксе"?» Он сообщил, что хочет купить участок земли на 45-й стрит. «Там будет твой „Мюзик Бокс"!»

В то время Берлин и Харрис уже были не бедными людьми, но и у них не было 947 тысяч долларов — громадной по тому времени суммы, которая требовалась на покупку участка, снос трёх стоящих на нём домов и строительства здесь театра. Берлин и Харрис нашли партнёра, у которого несколько лет спустя выкупили его долю. Строительство театра началось уже летом 1920 года. Скептиков в театральном мире было хоть отбавляй. Известный продюсер Джон Голден заявил: «Мальчики думают, что строят памятник, но они строят гробницу». Было известно, что мест в новом театре будет не больше тысячи. Газеты писали: «Им грозят убытки, даже если они будут в следующие пять лет продавать все места...»

Театр «Мюзик Бокс» открылся 22 сентября 1921 года. Среди зрителей были звёзды Голливуда Дуглас Фербенкс и Мэри Пикфорд, звезда «Метрополитен Оперы» Джеральдин Фаррар, нью-йоркская политическая элита... Поставленный на сцене нового театра первый спектакль выдержал 440 представлений, последнее — в 1924 году... Театр оказался прибыльным с первых же дней. И начиная с 1924 года Берлин и Харрис стали сдавать театр в аренду для постановок пьес других авторов.

В 2021 году «Мюзик Бокс» отметил столетие. На пальцах одной руки можно сосчитать существующие по сей день более старые нью-йоркские театры. «Мюзик Бокс» хранит память о своём основателе.

Самая известная песня Берлина — «Боже, благослови Америку!». Её создание — одна из интереснейших страниц в биографии композитора.

В 1938 году Соединённые Штаты отмечали 20-летие окончания Первой мировой войны, и менеджер певицы Кейт Смит спросил у Берлина, нет ли у него какой-нибудь патриотической песни. Таковая у Берлина была. Он сочинил её двадцатью годами ранее, когда служил в армии. В июне 1918 года, когда Берлину только-только исполнилось 30 лет, его призвали в армию. Мистер Берлин стал рядовым Берлином.

Новобранца отправили на военную базу Аптон — на востоке Лонг-Айленда в местечке Яфэнк. Сказать, что рядовому Берлину армейская служба не пришлась по душе, значит не сказать ничего.

Со времени работы поющим официантом Берлин привык работать по ночам, а днём отдыхать. На военной базе рядового Берлина будили в 5 утра, а в 10 вечера загоняли в казарму спать. Он сравнивал условия жизни в казарме с жизнью на Черри-стрит, где прошли его первые американские годы. Но рядовой Берлин оставался поэтом и композитором и сочинил песню о том, как ненавидит армейскую жизнь. Вскоре вся военная база пела её, и командир базы генерал-майор Франклин Белл вызвал Берлина. Рядовой ожидал как минимум гауптвахты. Отправить его на фронт в Европу было нельзя, ибо он ещё не прошёл курс молодого бойца. Но оказалось, что у генерала Белла были другие планы.

В одном из нью-йоркских театров прошёл спектакль «Пиф! Паф!», спонсором которого были военно-морские силы США. «А нельзя ли сделать спектакль о жизни сухопутной армии?» — спросил генерал рядового. Рядовой ответил: «Да», вскоре был произведён в сержанты и начал работу над водевилем «Гип-Гип, Яфэнк!» Для него-то Берлин и написал песню «Боже, благослови Америку!».

Спектакль «Гип-гип, Яфэнк!» имел оглушительный успех, но эта песня в спектакль не вошла. Берлин счёл неуместным включать серьёзную патриотическую песню в развлекательное шоу. Спустя 20 лет он вспомнил о ней. Кейт Смит исполнила её по радио 11 ноября 1938 года, а спустя несколько месяцев песня встала вровень с национальным гимном. Только один пример: когда на зимних Олимпийских играх в Лейк-Плэсиде в 1980 году американские хоккеисты победили советскую команду и завоевали золотую медаль, на пьедестале почёта они пели не Национальный гимн, а «Боже, благослови Америку!».

Песня принесла Берлину десятки миллионов долларов. Все деньги он жертвовал американской организации бойскаутов и герлскаутов. «На патриотизме зарабатывать нельзя», — объяснил Берлин.

Песня «Боже, благослови Америку!» вошла в снятый во время Второй мировой войны фильм «Это армия», в котором главную роль исполняет Рональд Рейган. Генерал Дуайт Эйзенхауэр распорядился, чтобы картину показывали на всех фронтах. В этом фильме звучит песня, слова которой переведены на русский язык и которую помнят жившие в послевоенные годы бывшие жители Советского Союза:

> Пятнадцать новобранцев,
> Неловко вставши в ряд,
> На бравого сержанта
> Испуганно глядят.

А сердце сильно бьётся,
У всех смущённый вид.
Сержант в усы смеётся,
Но строго говорит:

«Здесь вы в казарме, мистер Ред!
Здесь телефонов личных нет.
Завтрак в постели и в кухне газ —
Эти блага теперь не для вас!

Здесь вы в казарме, мистер Грин!
Здесь нет паркетов и перин.
Чистить бараки, любезный друг,
Вам придётся без помощи слуг!

Вы слышите? Это не джаз,
Это горнист протрубил вам приказ!
Здесь вы в казарме, мистер Джон!
Здесь вы вдали от ваших жён.
Пусть ваша крошка терзала вас,
Ей до вас не добраться сейчас».

Слова «Боже, благослови Америку!» Ирвинг Берлин взял от матери. Он не мог забыть, как часто вечерами, когда за скромным ужином подводились итоги трудового дня, Лея повторяла детям: «God Bless America».

Лея Бэлин умерла в 1922 году, когда её сын был уже всеамериканской знаменитостью. К этому времени она жила в Бронксе в своём доме, который ей подарил Ирвинг. И к этому времени все её дети обзавелись семьями и жили благополучно и счастливо.

Берлин же, вспоминая свои первые американские годы, говорил: «Я был бедным сыном бедных родителей, но я никогда не голодал. И не замерзал… На столе всегда был хлеб и горячий чай».

Ирвинг Берлин — гениальный самоучка. Он так никогда и не выучил нотной грамоты. Он играл на рояле одним пальцем. И он подарил — и продолжает дарить — Америке столько радости и счастья, сколько редко удаётся одному человеку. Берлин был дважды женат. Первая жена умерла через полгода после свадьбы, заразилась во время медового месяца на Кубе. Со второй он прожил 63 года.

Американский композитор Джером Керн сказал о нём: «Невозможно говорить о месте Ирвинга Берлина в истории американской музыки, ибо он сам и есть эта история».

Эл Джолсон —
трижды лауреат Аллеи Славы

Эла Джолсона считают величайшим эстрадным артистом в мире. В «Энциклопедии популярной культуры Сент-Джеймса» говорится, что «Эл Джолсон был для джаза, блюза и регтайма тем же, кем стал Элвис Пресли для рок-н-ролла».

Родился Джолсон в 1886 году в еврейской деревушке Средник неподалёку от литовского города Ковно (ныне Каунас). При рождении будущего величайшего эстрадного артиста назвали Аса. Он был четвёртым ребёнком в семье раввина и кантора Мозеса Йоэлсона. Вскоре после рождения отец уехал в Нью-Йорк, затем перебрался в Вашингтон, где заработал достаточно денег, чтобы оплатить приезд в Америку жены Нехми и детей.

Аса и его брат Хирш унаследовали от отца музыкальный талант, и уже в 1897 году зарабатывали пением на улицах американской столицы. Асе было 11 лет, Хиршу — 15. Вскоре младший брат взял себе имя Эл, а старший — Харри. В дальнейшем они многократно ссорились и мирились, но к концу жизни стали большими друзьями. Харри Джолсон также был одарённым актёром и певцом, но младший брат затмил его. В 1898 году во время Испано-американской войны братья-подростки пели для американских солдат, и, забегая вперёд, скажу, что Эл Джолсон всегда считал своим долгом выступать в действующей армии. Он стал первым актёром, который выступал в армии во время Второй мировой войны, и был первым, кто отправился в Корею, когда там шла война.

В первые годы XX века Эл Джолсон начал играть в нью-йоркских театрах — в Манхэттене и в Бруклине. Часто он играл в чёрном гриме — «под негра». Сегодня подобное считается крайним проявлением расизма, но в те времена, начиная со второй половины XIX века, это широко практиковалось на театральных подмостках. Джолсон не был первым, но только он прославился игрой «под негра». И Джолсон сделал больше, чем любой другой актёр, для того чтобы негритянские музыканты — певцы и джазмены — вышли на авансцену. Он открыл путь Луису Армстронгу, Дюку Эллингтону, Фэтсу Уоллеру, Этель Уотерс.

Однажды — дело происходило в 1920-е годы — Джолсон прочитал в газете, что в штате Коннектикут в одном из ресторанов отказались обслужить чернокожих джазменов Юби Блэйка и Нобла Сиссла. Джолсон не знал ни того, ни другого, но тут же пригласил Блэйка и Сиссла в фешенебельный ресторан в Манхэттене. Они стали друзьями.

В конце 20-х годов прошлого столетия Джолсон был самым популярным актёром на Бродвее, его знала вся страна. Ныне его вспоминают прежде всего как исполнителя главной роли в фильме «Певец джаза». Картина вышла на экраны в 1927 году, это был первый в истории кино звуковой музыкальный фильм. Вставные музыкальные и разговорные эпизоды бывали в фильмах и ранее. Но «Певец джаза» — первый по-настоящему звуковой фильм, он знаменовал закат эпохи немого кино. Этот фильм сделал Эла Джолсона всемирной знаменитостью.

Сюжет картины в какой-то степени автобиографичен. Её герой Яша Рабинович родился и вырос в религиозной

Эл Джолсон

еврейской семье. Он подрабатывает пением в дешёвом ресторанчике. Отец наказывает его за это, и Яша убегает из дома. Проходит несколько лет, и Яша Рабинович, назвавшийся Джеком Робином, становится звездой. Он поёт в чёрном гриме, выступает «под негра». Известный в ту пору композитор Йозеф Розенблат играет в фильме самого себя и также поёт. Яша, ставший Джеком Робином, исполнил здесь шесть песен.

В фильме «Певец джаза» Эл Джолсон произносит фразу, которая впоследствии стала его «торговой маркой» — trademark. «Подождите, подождите, вы ещё ничего не слышали!» — говорит Джолсон, давая тем самым понять, что самое интересное ещё впереди. И эти слова: «Wait a minute, wait a minute, you ain't heard nothin' yet!» — слышали впоследствии тысячи, тысячи и тысячи слушателей на концертах Джолсона.

Большинство негров приветствовали фильм «Певец джаза». Они считали — и не ошиблись, — что эта картина облегчит чернокожим певцам и джазменам путь на всеамериканскую сцену. Зрители в гарлемском кинотеатре «Лафайетт» покидали зал с заплаканными глазами. Гарлемская газета *The Amsterdam News* включила впоследствии фильм «Певец джаза» в число лучших картин в истории. О Джолсоне газета писала: «Каждый цветной исполнитель гордится им».

Коммерческий успех фильма превзошёл все ожидания, и в следующем году — в 1928-м — киностудия *Warner Bros.* сделала ещё один фильм с Джолсоном. Картина называлась «Поющий дурак». Джолсон исполнял в картине несколько песен. Самой популярной стала песня «*Sonny Boy*». Был продан миллион пластинок, и это был всеамериканский рекорд. Фильм «Поющий дурак» установил рекорд посещаемости, который был побит лишь 11 лет спустя фильмом «Унесённые ветром».

Когда в декабре 1941 года Соединённые Штаты вступили во Вторую мировую войну, ещё не существовало *United Service Organization* (U-S-O) — «Объединённой службы организации досуга войск». Эта организация сотрудничает с министерством обороны, и многие американские артисты считают за честь быть её членом. Эл Джолсон — *Sonny Boy* — выступал перед солдатами задолго до создания этой организации. Он выходил под аплодисменты на сцену и произносил фразу, которую знали, конечно, все слушатели: «Подождите, подождите, вы ещё ничего не слышали!» Джолсон выступал перед солдатами в Европе и на островах Тихого океана. Генерал Джордж Паттон, не отличавшийся любовью к гражданским лицам, лично приветствовал Джолсона... Вскоре после войны Джолсона лично благодарил президент Трумэн.

Как только началась Корейская война, Джолсон собрался в Корею. Он позвонил в Белый дом и попросил к телефону президента Трумэна. Поднявшему телефонную трубку чиновнику Джолсон изложил свою просьбу: хочет, чтобы президент, главнокомандующий американской армией, разрешил ему — гражданскому лицу — отправиться в Корею. Прошло четыре недели, а ответа из Белого дома не было. Наконец Джолсон получил телеграмму от министра обороны Луиса Джонсона. Министр писал: «Простите за задержку с ответом, но, к сожалению, у нас нет фондов на поездку артистов».

Эл Джолсон воспринял телеграмму министра обороны как личное оскорбление. «О чём они говорят! — возмущался он. — Какие фонды? Кто нуждается в фондах? У меня есть фонды! Я сам оплачу свою поездку!»

17 сентября 1950 года штаб-квартира американской армии в Корее объявила: «Эл Джолсон первым из числа лучших исполнителей достиг прифронтовой полосы. Он прилетел сегодня на самолёте из Лос-Анджелеса!»

В течение следующих 16 дней Джолсон дал 42 концерта. Генерал Дуглас Маккартур, командующий вооружёнными силами ООН в Корее, лично провожал Джолсона в Америку. Он подарил ему медальон, на котором было выгравировано: «Элу Джолсону в знак признания за выступления перед вооружёнными силами».

23 октября 1950 года, через две недели после поездки в Корею, Эл Джолсон скончался в Сан-Франциско от инфаркта. Его последние слова: «Ребята, я ухожу...»

Ему было только 64 года. После смерти Джолсона четырёхзвёздный генерал Джордж Маршалл вручил вдове артиста и его сыну орден, заслуженный Элом.

Ещё при жизни Эла Джолсона Голливуд снял о нём биографический фильм *«The Jolson Story»*. Артист был уже немолод и не мог играть себя молодого. Его роль исполнял Ларри Паркс, но с экрана звучал голос Джолсона.

Джолсон прославился не только на театральной сцене и в кино. Он был в числе первых популярных исполнителей на радио. В 30-е годы у него было своё радиошоу. Джолсон мог быть и в числе первых телешоуменов. В 1950 году он подписал контракт с компанией Си-Би-Эс, но его внезапная смерть нарушила планы телевизионщиков.

Джолсон был активен в политике. В Голливуде почти всегда царили — и продолжают царить — леваки, поддерживающие обычно Демократическую партию. Джолсон являл собой исключение. Он впервые голосовал в 1920 году и поддержал республиканца Уоррена Хардинга. Он был в Белом доме гостем Калвина Кулиджа. Лишь в 1932-м он изменил республиканцам и голосовал за демократа Франклина Делано Рузвельта, но вскоре осознал свою ошибку. В 1936 году Эл поддержал республиканца Алфа Лэндона.

«Песня закончилась» — *«The Song Is Ended»* — такой заголовок предшествовал сообщениям о смерти Эла Джолсона во многих американских газетах. Его хоронили больше 20 тысяч человек. Боб Хоуп, бывший в это время в Корее, где выступал перед войсками, обратился к участникам траурной процессии по радио: «Мир потерял не только великого исполнителя, но и великого гражданина!»

На Аллее Славы Голливуда есть три звезды в память Эла Джолсона. Одна — за вклад в киноискусство, вторая — за вклад в развитие радио, третья — за вклад в музыку.

Общество Эла Джолсона (*Al Jolson Society*) делает всё возможное, чтобы артист не был забыт. В 1994 году Почтовая служба США выпустила марку с портретом Эла Джолсона.

Создатель американского классического балета

Здание Нью-Йоркского городского балета — часть грандиозного комплекса Линкольн-центр, крупнейшего культурного центра Нью-Йорка. Во всём мире нет ничего подобного Линкольн-центру. Это комплекс из двенадцати зданий. Здесь находятся Метрополитен-опера, Нью-Йоркская филармония, Джазовый центр, Киноцентр, Джульярдская школа... В их числе и Нью-Йоркский городской балет. Это здание было построено в 1964 году специально для компании «Нью-Йоркский городской балет» — *The New York City Ballet*, одним из основателей которой был балетмейстер русско-грузинского происхождения Джордж Баланчин. Мы можем смело утверждать: он — создатель американского классического балета.

Вероятно, имя Джорджа Баланчина знает не каждый американец, но, полагаю, каждый видел хотя бы раз балет Чайковского «Щелкунчик» в его постановке. Баланчин поставил этот балет в Нью-Йорке в 1955 году к Рождеству. И начиная с 1955-го, в декабре каждого года во время рождественских праздников американское телевидение неоднократно показывает «Щелкунчика». Давно скончался балетмейстер, исполнявший в первой постановке роль

Дроссельмайера. Нет в живых большинства других исполнителей первой постановки. Но американцы по-прежнему каждый год наслаждаются балетом «Щелкунчик» в интерпретации Баланчина.

Георгий Баланчивадзе родился в 1904 году в Санкт-Петербурге. В семье царила музыка, что неудивительно. Мелитон Баланчивадзе, отец Георгия, был композитором. Его младший сын Андрей тоже стал композитором. Мария Васильевна Николаева, мать, обожала балет и определила девятилетнего Георгия в Императорскую балетную школу. Но как только власть в России захватили большевики, балетную школу закрыли, поскольку она была, с точки зрения новой власти, одним из символов царского режима. Юному Георгию пришлось зарабатывать таперством. Он играл на пианино в кинотеатрах, сопровождая фильмы немого кино. Однако вскоре большевики вновь открыли Балетную школу. Баланчивадзе закончил её в 1921 году. А годом ранее, ещё будучи учеником, он, 16-летний, впервые выступил как хореограф — поставил па-де-де на музыку Антона Рубинштейна.

В 1923 году 19-летний Баланчивадзе сформировал труппу «Молодой Балет», в состав которой вошла его юная жена Тамара Жевержеева — Жева, как её называют на Западе. В 1924 году «Молодой Балет» отправился на гастроли в Германию, и Георгий с Жевой, а также их коллеги-танцоры Александра Данилова и Николай Ефимов решили не возвращаться в Советскую Россию. Они стали первыми в истории советского балета невозвращенцами — задолго до Рудольфа Нуреева и Михаила Барышникова.

Баланчивадзе и его коллеги присоединились в Париже к труппе «Русский балет», которую в 1911 году создал

Сергей Дягилев. К этому времени «Русский балет» знали не только в европейских столицах, но и в Америке. Дягилев был иммигрантом, но не в Америке, а во Франции, и хотя эта книга об иммигрантах, ставших американцами, для Дягилева следует сделать исключение. Чтобы был полным рассказ о Баланчине.

Сергей Дягилев родился в 1872 году в деревне Селищи Новгородской губернии на берегу реки Волхов. Отец Павел Дягилев был потомственным дворянином, кавалергардом. Мать умерла вскоре после рождения сына, отец женился на Елене Панаевой, и эта влюблённая в искусство женщина оказала громадное влияние на пасынка. Семья жила в Перми, но у неё была квартира и в Санкт-Петербурге. После окончания пермской гимназии Сергей Дягилев поступил, по настоянию отца, на юридический факультет Санкт-Петербургского университета. Но сказалось влияние второй матери: изучая правоведение, Сергей посещал занятия в Консерватории, его увлекали пение и музыка. Профессором был композитор Николай Римский-Корсаков. «У вас нет музыкального таланта», — такой приговор вынес профессор ученику. Вероятно, Римский-Корсаков был прав, но любовь Дягилева к искусству была столь велика, что он решил отказаться от юридической карьеры.

В 1896 году Дягилев закончил университет и вскоре организовал вместе с художником Александром Бенуа творческое объединение «Мир искусства». Объединение издавало журнал под таким же названием и устраивало выставки, на которые журнал публиковал рецензии. В объединение вошли художники Лев Бакст, Николай Рерих, Мстислав Добужинский, Константин Сомов... Только перечень имён этих мастеров позволяет судить о высочайшем уровне объединения. На сегодняшних аукционах их произведения оцениваются в сотни тысяч и миллионы долларов...

Объединение «Мир искусства» привлекло внимание князя Сергея Волконского, назначенного в 1899 году директором всех императорских театров — и музыкальных, и драматических. Новый директор попросил Дягилева редактировать «Ежегодник императорских театров». Дягилев взялся за дело, и ежегодник, который трудно было читать, настолько серыми были его публикации, превратился в издание, способное удовлетворить самого взыскательного читателя. Дягилев не забывал и о художниках «Мира искусства». Он подкидывал им работу для спектаклей. Лафа продолжалась, однако, недолго. Недруги Дягилева стали строчить на него доносы, в том числе о его гомосексуализме. Волконский уволил его, но не бывать бы счастью, да несчастье помогло.

Избавившись от хлопот, связанных с императорскими театрами, Дягилев организовал в Париже выставку русского изобразительного искусства. Это было в 1905 году. В следующем году он организовал в Париже концерты русской музыки. А в 1907-м привёз в Париж оперу Мусоргского

Джордж Баланчин

67

«Борис Годунов», главную партию в которой исполнял Шаляпин. Публика рукоплескала, но касса сообщала об убытках, и Дягилев решил рискнуть: познакомить парижан после русской оперы с русским балетом.

В 1909 году во французской столице состоялись гастроли «Русского балета». Перед парижанами выступали звёзды российского балета Михаил Фокин и Анна Павлова, Вацлав Нижинский и Тамара Карсавина.

Вот так и родилась балетная труппа, вошедшая в историю мирового искусства как «Русский балет Дягилева». Его художественным директором стал Лев Бакст (Леон, как звали его в Европе и в Америке). После большевистского переворота вся труппа решила не возвращаться в Россию. В 1924 году в труппу Дягилева влились Георгий Баланчивадзе и его группа. По совету Дягилева, Георгий Баланчивадзе европеизировал своё имя — стал Джорджем Баланчиным. В 1929 году Дягилев умер, и Баланчин стал фактическим руководителем труппы. Он был и хореографом, и танцовщиком. Но ещё до смерти Дягилева Баланчин поставил девять балетов.

«Русский балет» переживал трудные времена, чему способствовал, конечно, и мировой экономический кризис. Баланчин ушёл из труппы, работал в Лондоне, затем в Копенгагене. Он вернулся на какое-то время в труппу «Новый Русский балет», которая располагалась в Монте-Карло. А в 1933-м Баланчин вновь организовал свою труппу — «Балет-1933», но и она просуществовала лишь несколько месяцев.

Трудно сказать, как сложилась бы творческая жизнь Баланчина, если бы на одном из спектаклей труппы «Балет-1933» не побывал выпускник Гарвардского университета Линкольн Кирстайн, родившийся и выросший в весьма состоятельной семье и мечтавший создать в Америке театр классического балета. Когда много лет спустя Кирстайн скончался, газета *New York Times* назвала его «экспертом во многих областях». Это была правда. Чем только Кирстайн не занимался! Чем только не увлекался! Но его главной страстью был балет.

В 1933 году 26-летний Кирстайн встретился с Баланчиным и предложил ему переехать вместе с труппой в Соединённые Штаты. Долго уговаривать Баланчина не пришлось. Кирстайн и другой американский фанатик балета Эдвард Уорберг помогли Баланчину открыть 2 января 1934 года в Нью-Йорке балетную школу. Он организовал также Балетное общество. В следующем году Баланчин основал профессиональную труппу «Американский балет».

На границе 30–40-х годов Баланчин работал в Голливуде, был постановщиком танцев в пяти фильмах, главные роли в которых исполняла Вера Зорина, его третья жена. В эти же голливудские годы Баланчин сотрудничал с труппой *American Ballet Caravan*, созданной всё тем же неутомимым Кирстайном. «Караван» колесил во всей стране, однажды приехал в Южную Америку, выступал в Бразилии, Аргентине, Уругвае и Чили. Калифорнийская жизнь Баланчина закончилась в 1948 году, когда он принял приглашение возглавить балетную труппу в составе Нью-Йоркского центра музыки и драмы. И вся его последующая хореографическая деятельность связана исключительно с Нью-Йорком. Сотрудничество Баланчина и Кирстайна продолжалось до смерти Баланчина в 1983 году.

Джордж Баланчин не только создал классический балет в Америке. Он модернизировал его. Он стал новатором, изменившим самую природу балета. Им сделано — в это трудно поверить — не менее четырёхсот различных балетных спектаклей.

С 1978 года вашингтонский Центр имени Кеннеди ежегодно награждает деятелей искусства за их вклад в американскую культуру. Джордж Баланчин стал лауреатом в первом же году. А в 1983-м, в год смерти, был награждён Рональдом Рейганом Президентской Медалью Свободы. В следующем году Рейган вручил такую же награду Линкольну Кирстайну. Кирстайн умер в 1996-м.

Не будь сотрудничества Линкольна Кирстайна и Джорджа Баланчина, в Америке ещё долго не было бы классического балета. Когда мастера советского балета Михаил Барышников, Наталья Макарова, Александр Годунов, Валентина и Леонид Козловы принимали решение не возвращаться в Советский Союз, они знали, что представляет собой американский балет, и вряд ли сомневались в возможности успешного продолжения карьеры. Джордж Баланчин — Георгий Баланчивадзе — создал этот балет.

Джордж Баланчин похоронен в штате Нью-Йорк — на кладбище Окленд в городке Сэг-Харбор на Лонг-Айленде.

Русские в Голливуде

«**Б**олее 2 500 000 аристократов были изгнаны из России после революции. Пятнадцать сотен нашли дорогу в Голливуд», — сообщила газета *New York Times* 20 марта 1932 года, и это сообщение воспроизведено во втором томе «Энциклопедии кино» («*Encyclopedia of Film*»), вышедшей в свет в 1984 году.

Изгнанников было, конечно, меньше двух с половиной миллионов, и далеко не все были аристократами. Да и до Голливуда добралось меньше полутора тысяч. Но ошибка нью-йоркской газеты в отношении добравшихся до «фабрики грёз» объяснима: начиная с середины 20-х годов прошлого века в Голливуде на каждом шагу звучала русская речь. Это были русские, украинцы, евреи, армяне, грузины... Сколько их было? Вряд ли кто-либо считал. Но они были заметны. Заметны, потому что были мастерами своего дела. Актёры, режиссёры, композиторы, кинооператоры, художники...

Первые русские появились в Голливуде задолго до «изгнания из России после революции». Первой была Алла Назимова (настоящее имя — Аделаида Яковлевна Левентон). Она приехала в Америку 27-летней уже

Алла Назимова

состоявшейся и известной театральной актрисой. Приехала в 1906 году — в том самом, когда в Голливуде, районе на северо-западе Лос-Анджелеса, был снят короткий фильм «Смелое ограбление в Южной Калифорнии». Первая киностудия была основана здесь в 1909 году. В первые десять лет американской жизни Назимова играла в театре. В 1916 году дебютировала в кино в фильме «Невесты войны». Снималась до 1944 года, когда ей исполнилось 65 лет. Она также писала сценарии и была продюсером. Назимова была близкой подругой актрисы Эдит Лакетт и стала крёстной матерью её дочери Нэнси — будущей киноактрисы и будущей жены президента Рональда Рейгана, который также был киноактёром. Алла Назимова удостоена звезды на знаменитой Голливудской аллее славы.

В 1923 году Голливуд снял хороший урожай с труппы Московского художественного театра (ныне — МХАТ), гастролировавшей в Америке. Гастроли открылись 8 января в Нью-Йорке и закончились 2 июня. Переполненные залы аплодировали мхатовцам в Чикаго, Филадельфии, Бостоне. «У нас никогда не было подобного успеха ни в Москве, и нигде ещё», — писал об американских гастролях один из основателей Художественного театра Константин Станиславский своему коллеге — второму основателю Владимиру Немировичу-Данченко, который оставался в Москве. Необходимо отметить: все спектакли шли на русском языке, публика же была в основном англоязычная. Покидала Америку московская труппа поредевшей. Не менее десяти актёров решили не возвращаться в Советский Союз. Четверо невозвращенцев «нашли дорогу в Голливуд»: Аким Тамиров, Мария Успенская, Ольга Бакланова и Владимир Соколофф. Тамиров среди них наиболее известен.

Аким Тамиров родился в 1899 году в армянской семье, по одним данным — в Тифлисе, по другим — в Баку. В 19 лет приехал в Москву и поступил в школу при Художественном театре, по окончании которой стал актёром этого театра. В кино пришёл на девятом году американской жизни, на десятом взошла его звезда. Кинорежиссёр Рубен Мамулян пригласил Тамирова сниматься вместе с Гретой Гарбо в фильме «Королева Кристина». Родившийся в Тифлисе в 1897 году и эмигрировавший в США в 1923-м, Мамулян работал в Голливуде с конца 20-х годов. В 1935-м он снял первый в мире полнометражный фильм в цвете — «Бекки Шарп». Он стал первым применять голос за кадром как аналог внутреннего монолога героя. Мамулян вывел на широкую кинодорогу многих актёров и, в частности, Тамирова. Не перечесть фильмов, в которых Тамиров снимался, и режиссёров, с которыми работал. Орсон Уэллс, Витторио де Сика, Жан-Люк Годар...

Аким Тамиров

Режиссер Льюис Майлстоун, лауреат двух «Оскаров»

Его дважды номинировали на «Оскара» как исполнителя ролей второго плана — в фильме «Смерть на рассвете» (1936) и «По ком звонит колокол» (1943).

Активно снимались в Голливуде Фёдор Фёдорович Шаляпин (сын великого певца) и Миша Ауэр — внук великого скрипача и педагога Леопольда Ауэра, учениками которого были Яша Хейфец и Натан Мильштейн.

Первым кинорежиссёром лауреатом двух премий «Оскар» стал Льюис Майлстоун, родившийся в 1895 году в Кишинёве как Лейб Мильштейн. Он учился в еврейской школе и в кишинёвском реальном училище, затем в университете в Генте (Бельгия) и в инженерной школе в немецком городе Митвайда. В 1913 году эмигрировал в США, в 1917-м записался добровольцем в американскую армию и служил во Франции до окончания Первой мировой войны. Он участвовал в киносъёмках боевых действий и... влюбился в кино.

В 1919 году Мильштейн получил американское гражданство, стал Майлстоуном, начал жить в Голливуде, где работал помощником режиссёров. В 1925 году снял самостоятельно комедию «Семь грешников». С этого фильма началась его блистательная карьера режиссёра. Первым

«Оскаром» Майлстоун был награждён за кинокомедию «Два аравийских рыцаря» (1927). Второй «Оскар» получил за картину, не имевшую ничего общего с комедией. Это был военный фильм «На Западном фронте без перемен» (1930) по одноимённому роману Ремарка. Майлстоуна номинировали на «Оскара» ещё дважды. Его последняя работа в кино — «Бунт на корабле Баунти» с Марлоном Брандо в главной роли — был снят в 1962 году.

Более чем успешные кинорежиссёры Рубен Мамулян и Льюис Майлстоун оказались — вряд ли подозревая об этом — персонажами советских писателей Ильи Ильфа и Евгения Петрова, совершавших в конце 1935 — начале 36-го года поездку по Америке и рассказавших о поездке в путевых записках «Одноэтажная Америка». Ильф и Петров встречались — разумеется, с одобрения начальства — с русскоязычными иммигрантами, и впечатления от этих встреч были, конечно же, негативными. Путешественники от агитпропа писали: «Разговоры

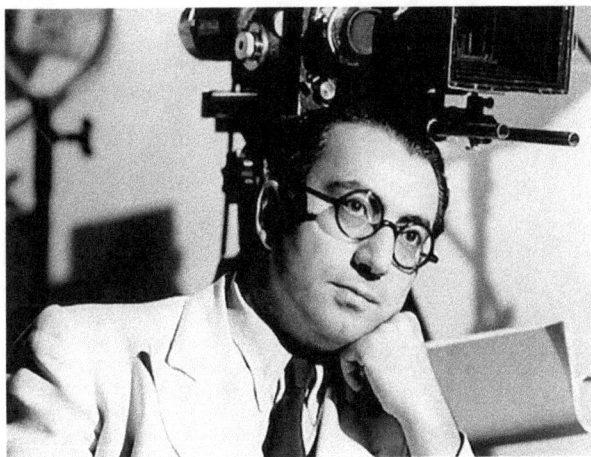

Режиссер Рубен Мамулян

с Майлстоуном, Мамуляном и другими режиссёрами из первого десятка убедили нас в том, что эти прекрасные мастера изнывают от пустяковых пьес, которые им приходится ставить. Как все большие люди в искусстве, они хотят ставить значительные вещи. Но голливудская система не позволяет им этого».

Более чем успешной была голливудская карьера режиссёра Анатоля Литвака. Он родился в Киеве в 1902 году, пришёл в кино в начале 20-х в Советском Союзе, который покинул в 1926-м. Первые годы эмиграции работал в Европе, уехал в Америку до прихода к власти нацистов в Германии. Снятые им в Голливуде фильмы получали награды Венецианского и Каннского фестивалей. На «Оскара» была выдвинула в 1940 году картина «Всё это и небо в придачу», а в 1948 году картина «Змеиная яма» была номинирована на «Оскар» как лучший фильм, а режиссёр Литвак — как лучший режиссёр. Всеамериканскую славу принесла ему серия учебных военных фильмов «Почему

Режиссер Анатолий Литвак

мы сражаемся». Эту серию подполковник американской армии Литвак снимал во время Второй мировой войны вместе с Фрэнком Капра. Литвак участвовал и в съёмках высадки союзников в Нормандии. Он закончил войну в чине полковника и был отмечен правительственными наградами Соединённых Штатов, Британии и Франции. Литвак умер в Париже в 1974 году. Вклад Анатоля Литвака в кинематограф отмечен звездой на голливудской «Аллее славы».

«Голливудская система» позволила композитору Дмитрию Зиновьевичу Тёмкину сочинить музыку к более чем ста фильмам и принесла ему четыре «Оскара». Тёмкин родился в 1884 году в украинском городе Кременчуге, занялся музыкой в раннем детстве — спасибо матери, учительнице музыки. В 13 лет Дима учился в Петербургской консерватории. После завершения учёбы молодой пианист зарабатывал частными уроками и таперствовал в кино. В свободное время наведывался в кафе «Бродячая собака», где собирались молодые артисты, поэты и художники. Здесь Тёмкин впервые услышал песню Ирвинга Берлина «Александр рэгтайм бенд». После большевистского переворота Тёмкин служил новой власти в политуправлении Петроградского военного округа — организовывал музыкальные праздники «Мистерия освобождённого труда» и «Взятие Зимнего дворца». К счастью — для себя и Голливуда — он осознал, что добротную музыкальную карьеру в новой России не сделаешь, и в 1921 году поехал в Берлин, в 1923-м был в Париже, где подружился с Фёдором Шаляпиным, посоветовавшим: «Езжай в Америку».

Голливудская карьера Тёмкина началась в 1929 году. В начале следующего десятилетия он становится

Композитор Дмитрий Тёмкин,
лауреат четырёх «Оскаров»

в киноиндустрии одним из самых востребованных композиторов.

Во время Второй мировой войны Тёмкин писал музыку для документальных военных фильмов. За два фильма удостоился наград военного министерства. После войны пошли «Оскары». Первые два за музыку к вестерну «Ровно в полдень» (1952), в котором блистали Гэри Купер и Грейс Келли, и за песню «Не покидай меня» из этой же картины. Ещё два «Оскара» Тёмкин получил за музыку к фильмам «Высокий и могучий» (1955) и «Старик и море» (1958) — экранизации повести Эрнеста Хемингуэя.

В 1970 году Тёмкин впервые за полвека приехал в Москву — для работы на киностудии «Мосфильм» над фильмом «Чайковский». За эту работу он получил последнюю в своей жизни — 22-ю — номинацию на «Оскар». Тёмкин скончался в Лондоне в 1979 году, похоронен в Форест-Лауне (Калифорния).

Борис Кауфман — самый известный в истории русского Голливуда кинооператор. Он родился в Белостоке в 1906 году и пошёл в кино по стопам старшего брата — Давида, родившегося десятью годами ранее и ставшего — под псевдонимом Дзига Вертов — режиссёром-новатором в документальном советском кино. Младший брат вскоре после захвата власти большевиками покинул родителей и старшего брата, уехал во Францию, закончил университет в Париже и начал работать в кино. Когда немцы вторглись во Францию, он записался добровольцем в армию, после поражения эмигрировал в Канаду, а в 1942 году переехал в Соединённые Штаты.

Кинооператор Борис Кауфман, лауреат «Оскара»

В Голливуде Кауфман работал с такими выдающимися режиссёрами, как Элиа Казан и Сидни Люмет. Он был удостоен «Оскара» в 1954 году за фильм Казана «В порту». И он работал оператором в знаменитом фильме «12 разгневанных мужчин», который снял в 1956 году Люмет. Кауфман отошёл от дел в 1970 году и через десять лет скончался в Нью-Йорке.

Дзига Вертов дважды навестил младшего брата в Париже — в 1929 и 1931 годах. Они поддерживали связь письмами до смерти старшего брата в 1954 году в Москве.

Они учили звёзд Голливуда

В 2002 году Фредерик Кив снял по своему сценарию документальный фильм «Из России в Голливуд: 100-летняя Одиссея Чехова и Жданова». В фильме участвовали Грегори Пек и Мала Пауэрс. Они рассказывали о незабываемых ими педагогах Михаиле Чехове и Георгии Жданове.

Легко предположить, что истинным театралам хорошо знакомо имя Михаила Чехова. И можно предположить, что даже истинные вряд ли слыхали о Георгии Жданове. И это при том, что Чехов и Жданов долгие годы работали вместе. Содружество началось в 30-е годы в Европе и продолжалось в Америке. В Голливуде их учениками были десятки кинозвёзд, не только Грегори Пек и Мала Пауэрс. После смерти Чехова в 1955 году Жданов и его жена Эльза Шрайбер ещё несколько десятилетий были педагогами киноактёров.

Но почему Чехова знают и помнят, а о Жданове, если и знают, то очень мало? Задавая этот вопрос, не следует иметь в виду Голливуд. Здесь-то помнят и чтут обоих. Но во всём мире — прежде всего в России — один известен, а другой нет. Дело в том, что Чехов уехал из Советского

Союза, будучи знаменитым актёром, а когда Жданов покинул Советскую Россию, его мало кто знал. Начнём со знаменитости.

Михаил Чехов. Фамилия всем знакома. Антона Павловича Чехова, писателя, мы знаем со школьной скамьи. Чехова-драматурга знает весь мир. Михаил Чехов — племянник писателя, сын его брата. Он родился в 1891 году в Санкт-Петербурге и был актёром от рождения. В мемуарах «Путь актёра» Чехов писал, что стал «представлять» ещё в детстве. Ему было 16 лет, когда он поступил в театральную школу Петербургского Малого театра, где одним из его учителей стал знаменитый Борис Глаголин. «Когда я увидел его в роли Хлестакова, во мне произошёл какой-то сдвиг, — писал Чехов. — Как играл Хлестакова Глаголин, не играл никто другой. Когда позднее мне пришлось самому исполнять эту роль, я узнал в себе влияние Глаголина...»

Когда 16-летний Чехов поступил в театральную школу в Петербурге, Глаголину было 38 лет, и он уже сыграл десятки ролей. Роль Хлестакова в «Ревизоре» была самой знаменитой. Позже эта роль стала самой известной и в репертуаре Чехова. Он блистал как Хлестаков в Москве, в Берлине, в Нью-Йорке, в Лос-Анджелесе... И Чехов не скрывал, что находился под влиянием Глаголина.

Чехов работал пять лет в Петербургском Малом театре. Находился театр — это особенно интересно для петербуржцев — в доме торговой фирмы «Братья Елисеевы». А кто из петербуржцев не знает Елисеевского магазина на Невском проспекте!.. Над магазином располагался театр. Многие советские годы это был Акимовский Театр комедии, ныне это Театр комедии имени Николая Павловича Акимова... И вот здесь, над Елисеевским магазином —

Михаил Чехов

задолго до Акимова, — Михаил Чехов постигал тайны театрального искусства.

Весной 1912 года в Петербург приехал на гастроли Московский художественный театр, и ведущая актриса театра Ольга Книппер-Чехова, вдова Антона Павловича, пожелала встретиться с племянником своего покойного мужа. Она задала ему невинный вопрос: «Не хочешь ли перейти в наш театр?» «Не смею об этом мечтать», — ответил Чехов. «Я поговорю со Станиславским», — пообещала она. Через день Константин Сергеевич Станиславский встретил Чехова словами: «Нам очень приятно иметь в театре племянника Антона Павловича».

Станиславский принял Михаила Чехова в труппу не потому, конечно, что Михаил приходился племянником писателю, пьесы которого постоянно были в репертуаре театра. Станиславский рассмотрел в нём редкий талант и не ошибся. Чехов немедленно оказался среди ведущих актёров театра. Хлестакова и Гамлета в его исполнении многие до сих пор считают непревзойдёнными.

В Московском художественном театре Михаил Чехов познакомился с актрисой Ольгой Книппер — племянницей Книппер-Чеховой. В 1915 году они поженились, и она стала Ольгой Чеховой. На следующий год родилась дочь. А в 1919 году Ольга бросила мужа. Чехов так описывает прощание с женой: «Уходя, уже одетая, она, видя, как тяжело я переживаю разлуку, приласкала меня и сказала: „Какой ты некрасивый. Ну, прощай. Скоро забудешь". И, поцеловав меня дружески, ушла».

В 1928 году 37-летний Чехов, звезда советского театра, навсегда уехал из Советского Союза. В этом году он начал работать в Берлине, где и познакомился со Ждановым, которому в то время было 23 года. В Берлине уже жила Ольга — бывшая жена Михаила. Она снималась в кино, время от времени была режиссёром и вскоре после встречи с бывшим мужем сделала фильм «Шут своей любви», в котором он исполнял главную роль.

При нацистах Ольга Чехова была одной из любимых актрис Гитлера. Министр пропаганды Геббельс называл её «очаровательной леди». Весной 1945 года Красная армия вошла в Берлин, Ольгу Чехову арестовали и самолётом отправили в Москву. Однако уже в июне её вернули обратно в Берлин. До 1949 года она жила в советской зоне Берлина, а затем переселилась — с разрешения властей — в Западный Берлин. До начала 70-х Чехова продолжала сниматься в кино, затем основала косметическую фирму. Умерла она в 1980-м. Ольга Чехова была ещё жива, а уже ходили разговоры, что она была агентом советской разведки. Об этом писано-переписано. Нет, однако, пока никаких документальных подтверждений.

Вернёмся, однако, в 1928 год, когда Михаил Чехов приехал в Берлин. В это время Георгий Жданов был актёром театра знаменитого режиссёра Макса Рейнгардта. «Когда я увидел его, то поразился худобе и невысокому росту. Он очень напоминал Фреда Астора», — вспоминал Жданов первую встречу с Чеховым.

Георгий Жданов родился в 1905 году в Смоленске в семье врачей. После большевистского переворота Ждановы жили сначала в Латвии, затем в Литве, где юный Жорж пристрастился — вопреки желанию родителей — к театру. В Берлин он приехал уже сложившимся актёром. Вероятно, Жданов стал бы работать с Чеховым с первых дней их знакомства, но у него были контрактные обязательства с кино. Чехов и Жданов начали сотрудничать только в 1936 году, когда Чехов основал свой театр в средневековом английском замке Дартингтон-Холл. В Англии же Чехов оказался благодаря оглушительному успеху в Нью-Йорке — на Бродвее — в театре «Маджестик».

«Маджестик» был — и есть — одним из самых знаменитых бродвейских театров и одним из самых вместительных. Сезон 1936–37 годов здесь открывал Театр Михаила Чехова. Он показывал несколько спектаклей. Наибольшей популярностью пользовался «Ревизор». Из вечера в вечер все 1607 мест были заняты... Театральный критик газеты *New York Times* Брукс Аткинсон писал: «Теперь, когда Михаил Чехов приехал в наш город, легко понять, почему „Ревизор“ Гоголя считается самой смешной комедией на русском языке...»

В числе тех, кто восторгался игрой Чехова, была начинающая актриса Беатрис Стрейт — дочь американских миллионеров Леонарда и Дороти Элмхерст. Десятью годами ранее её родители купили в Англии, в графстве Демон, старинный замок Дартингтон. Он был построен в конце XIV века. Супруги Элмхерст основали в нём художественную и музыкальную школы. Беатрис увидела в нью-йоркс-

Георгий Жданов

ком театре Чехова и его труппу и пригласила их в Дартингтон. Чехов принял предложение. После окончания американских гастролей в Нью-Йорке, в Филадельфии и Бостоне он отправился в Англию.

Театральная студия Чехова работала в Дартингтон-Холле в течение двух лет. Здесь к Чехову присоединился Жданов. Их учениками были англичане, канадцы, австралийцы, американцы, норвежцы, латыши, литовцы... Студия ставила спектакли по рассказам Гоголя, Эдгара По, Чехова... Чехов и Жданов написали пьесу «Одержимый» по рассказам Достоевского...

Угроза войны с Германией в Европе убедила Чехова в необходимости перебраться в Америку. В ноябре 1938 года студийцы дали последний в Дартингтон-Холле спектакль. Чехов и Жданов поехали за океан в Коннектикут — в город Риджфилд, что в 55 милях от Нью-Йорка.

Беатрис Стрейт купила там для Чехова здание старой школы, и в декабре 38-го Риджфилдский театр был открыт. Стрейт и несколько других студийцев Дартингтон-Холла переехали в Риджфилд.

Студия Чехова открылась 16 января 1939 года. К студийцам, приехавшим из Англии, присоединились новые, в числе новичков был 18-летний Юл Бриннер. В декабре 39-го студийцы показали на Бродвее пьесу «Одержимый» — по Достоевскому, а затем Чехов и его труппа отправились с гастролями по Америке. Они выступали в 15 штатах. В программе были «Двенадцатая ночь» Шекспира и спектакль по повести Диккенса «Сверчок за очагом». Весной 1941 года студийцы приступили к работе над шекспировским «Королём Лиром». Заглавная роль была одной из любимых в репертуаре Михаила Чехова. Но в спектакле студии её исполнял Форд Рэйни — будущая звезда Голливуда. Летом 41-го чеховцы совершили очередное американское турне, доехав, как и годом ранее, до Техаса и Оклахомы... Наступала зима, Чехов и его ученики готовились к очередному сезону, но Япония атаковала Перл-Харбор, и Америка вступила во Вторую мировую войну. Мужчины — студийцы Чехова — в их числе и Рэйни — отправились воевать. Война означала конец студии Чехова в Риджфилде.

Конец студии в Риджфилде означал начало карьеры Чехова в Голливуде. Пригласил его в Голливуд режиссёр Григорий Ратов. Пригласил сниматься в кино. Живший в Беверли-Хиллс Сергей Рахманинов посоветовал Чехову открыть студию и помог ему деньгами.

Ко времени переезда Чехова из Риджфилда в Голливуд на «фабрике грёз» было немало выходцев из бывшей Российской империи. Большинство из них эмигрировали после большевистского переворота. С некоторыми читатель познакомился в предыдущей главе. Назову ещё одного — Григория Ратова.

Ратов родился в 1897 году и первые шаги на актёрском поприще сделал в России. После захвата власти большевиками он жил в Берлине, затем в Париже, в 1925 году уехал в Нью-Йорк и вскоре осел в Голливуде. Ратов был актёром и режиссёром. Самой известной его ролью стал импресарио Макс Фабиан в фильме «Всё о Еве», в котором снималась молоденькая Мэрилин Монро. Как режиссёр, Ратов снял 30 фильмов. Самый знаменитый — точнее, печально знаменитый — просоветский фильм «Песня о России». Он был сделан в 1944 году, когда Советский Союз был союзником Соединённых Штатов. Писательница Айн Рэнд сказала на слушаниях в Конгрессе, что фильм «Песня о России» — коммунистическая пропаганда, и она была права. Но как раз для участия в этом фильме Ратов и пригласил Чехова в Голливуд...

Ратов знаменит и тем, что был одним из двух продюсеров, купивших у английского писателя Яна Флеминга права на экранизацию романов о Джеймсе Бонде. Ратов умер в 1966 году и похоронен на еврейском кладбище в нью-йоркском районе Флашинг.

«Песня о России» — первый американский фильм, в котором играл Чехов. Он снялся затем ещё в девяти картинах. Лучшей стала роль доктора-фрейдиста Александра Брулова в фильме Альфреда Хичкока «Заворожённый». За исполнение этой роли Чехов был выдвинут на «Оскар» в категории «Лучший актёр второго плана». Но не актёрство прославило Чехова в Голливуде. Знаменитой его сделала основанная им студия, в которой он вёл уроки сценического искусства.

Вот лишь некоторые актёры из числа самых известных, которые прошли школу Чехова: Мэрилин Монро, Энтони Куин, Юл Бриннер, Мала Пауэрс, Патриша Нил, Грегори Пек... После смерти Чехова многие его ученики продолжали занятия в студии Жданова.

Классы Чехова были разными. Иногда на занятия приходили десять-двенадцать человек. Бывало, что по сорок-пятьдесят. Артистов, посещающих уроки регулярно, было обычно немного. Многие приходили, получив новую роль. Следовало подготовиться к съёмкам, и лучшего, чем Чехов, преподавателя они не знали.

Некоторые актёры совмещали занятия у других преподавателей с учёбой у Чехова. Например, Монтгомери Клифф. Он постоянно занимался в студии у Миры Ростовой, также эмигрантки из Советского Союза, и посещал по её настоянию уроки Чехова... Марлон Брандо обычно занимался у Стеллы Адлер, но время от времени она советовала ему взять несколько уроков у Чехова.

В конце 40-х у Гэри Купера был роман с ученицей Чехова Патришей Нил. Она не желала пропускать уроки ради свидания с Купером. Чтобы быть с нею, Купер также посещал занятия у Чехова и никогда не сожалел об этом.

«Групповые уроки, — вспоминала Мала Пауэрс, — стоили сто долларов. Он занимался с нами столько, сколько считал нужным. Часто уроки длились многие часы...»

Мала Пауэрс начала брать уроки у Чехова с 16 лет, причём не групповые, а частные. Чехов готовил её ко всем фильмам, в которых она снималась. Чехов и его жена Ксения относились к Пауэрс, как к дочери.

Много лет спустя Пауэрс стала одной из основательниц Национальной ассоциации Михаила Чехова. Эта Ассоциация издала на английском языке три книги Чехова.

Энтони Куин назвал Чехова своим «русским героем». Он так вспоминал первую встречу с Чеховым: «Я много слыхал о нём и ожидал увидеть человека ростом шесть футов и семь дюймов (то есть двухметрового) с громовым голосом. А увидел невысокого худого человека, который говорил тихо. И я поразился: неужели это великий русский актёр?»

Мэрилин Монро — одна из самых знаменитых учениц Чехова. Её наставницей на киностудии *Columbia Pictures* была Наташа Лайтесс. Монро с удовольствием занималась у неё, но знала, что после окончания срока контракта с *Columbia Pictures* может остаться без наставника. В то время за ней ухаживал актёр Джек Паланс, который родился в Америке в украинской семье и был от рождения Владимиром Палагнюком. Никто иной, как Паланс-Палагнюк, посоветовал Мэрилин Монро обратиться к Чехову, не расставаясь при этом с Наташей Лайтесс. «Лучшего учителя в Голливуде нет!» — сказал он. Это было осенью 1951 года. И в следующие три года у Чехова не было более прилежной ученицы. Но вначале Чехов с большой неохотой взялся за работу с Мэрилин. Во-первых, у него было достаточно учеников. Во-вторых, он не хотел работать с актрисой, которая была знаменита как секс-символ Голливуда. Чехов полагал, что ей не стать настоящей актрисой, и он сказал: «Нет!» Сказал не лично ей, а Палансу.

«Вы измените к ней отношение, если встретитесь с ней», — настаивал Паланс. Чехов согласился поговорить с Монро, но при этом ничего не обещал.

Чехов всегда был неравнодушен к женской красоте, и, увидев Монро, тут же согласился давать ей уроки. Но, предупредил он, «раз в неделю». С первого свидания началась дружба, которая закончилась лишь со смертью Чехова.

Учитель быстро убедился, что ученица талантлива. «Она — необычайно восприимчивая актриса, — говорил Чехов. — Но она растрачивает свой талант на незначительные роли...»

Чехов признавал, что Монро излучает эротическую энергию, и однажды сказал ей об этом, чем привёл в смущение. Чехов понимал, что владельцы киностудий отлично знают массового зрителя, которого в этой актрисе привлекает прежде всего эротизм.

Мэрилин Монро стала одной из любимых учениц Чехова. Что же касается самой Монро, то вот что она однажды сказала Чехову: «Когда я училась в школе, Авраам Линкольн был человеком, которым я восхищалась больше всего. Теперь такой человек — вы!»

Монро стала другом Чехова и его жены Ксении. Она консультировалась с учителем по поводу каждой полученной роли и чутко реагировала на его замечания.

Джек Колвин, учившийся в студии Чехова с 18 лет, передаёт слова Мэрилин Монро, сказанные после смерти Чехова: «Это единственный человек, которого я когда-либо по-настоящему любила».

30 сентября 1955 года Голливуд понёс двойную потерю. В автомобильной катастрофе погиб Джеймс Дин и скончался от инфаркта Михаил Чехов. Он курил с юношеских лет и игнорировал советы врачей отказаться от курения.

Георгий Жданов учил актёров сценическому искусству многие годы после смерти своего друга. Ученики Чехова стали его учениками. «Я готовился к съёмкам у того и другого», — говорил Грегори Пек.

Жданов дожил до крушения Советского Союза. Он приезжал в родной Смоленск и даже читал лекции в Санкт-Петербурге в Театральном институте... Он умер в 1998 году, через 43 года после Чехова, и похоронен, как и Чехов, в Лос-Анджелесе.

Русский лидер
«Великолепной семёрки»

В конце 40-х — начале 50-х годов в Советском Союзе показывали так называемые «трофейные фильмы». Они будто бы были захвачены в побеждённой Германии, говорили, что «из фильмотеки Геббельса». На самом деле это было откровенное воровство. Показывали произведения, не заплатив их создателям ни копейки. Среди так называемых «трофейных» были в основном фильмы, сделанные в 30-е годы, и они были по большей части американские. Когда же запас «трофейных» иссяк, американские ленты исчезли из советского проката. И вот в начале 1962 года на экраны советских кинотеатров вышла американская картина, тут же ставшая самой популярной в стране. Это был фильм «Великолепная семёрка», сделанный в Голливуде лишь двумя годами ранее. Кинозалы ломились от зрителей. Молодые люди смотрели фильм по многу раз. Советская пресса встретила его в штыки. Потому что «Великолепная семёрка» не разоблачала пороки капитализма и её героями были не замученные трудом рабочие и фермеры, а искатели приключений, умевшие метко стрелять. Но зрителю было наплевать на пропаганду, и он валил на «Великолепную семёрку».

В великолепной семёрке все стреляли отлично, но особенно выделялись двое. Роль одного исполнял Юл Бриннер, роль второго — Стив МакКуин. Тысячи и тысячи советских парней побрили головы наголо, чтобы походить на Бриннера. Тысячи пытались повторять походку красавца Криса, роль которого играл Бриннер. Но догадывались ли те, кто восторгался американским актёром, что Юл Бриннер — это родившийся во Владивостоке Юлий Борисович Бринер? Советские газеты не писали об этом, и, я полагаю, авторы рецензий, громивших «Великолепную семёрку», понятия не имели о том, что звезда американского театра и кино Юл Бриннер — русский.

Лидером «Великолепной семёрки» был Крис. Когда в 1960 году режиссёр Джон Стерджес снимал в Мексике этот фильм, Бриннер уже был всеамериканской — да и мировой — знаменитостью. Прославился он девятью годами ранее в бродвейском театре — *St. James Theatre*. На сцене этого театра шли такие мюзиклы, как «Оклахома», «Хелло, Долли!», «Продюсерс»... 31 марта 1951 года все 2680 мест были заполнены театралами, желавшими увидеть несравненную английскую актрису Гертруду Лоуренс в новом мюзикле «Король и я». К этому дню 53-летняя Лоуренс сыграла десятки ролей в лондонских и нью-йоркских театрах. В афише мюзикла «Король и я» её имя было напечатано выше названия мюзикла и такими же крупными буквами, как название. Но в первом же спектакле мисс Лоуренс затмил актёр, имя которого было знакомо далеко не всем зрителям и было указано на афише мелким шрифтом. Это был 31-летний Юл Бриннер, исполнявший роль короля.

Бриннер стал партнёром Лоуренс почти случайно. Сначала роль короля предложили английскому актёру Рексу

Юл Бриннер в фильме «Великолепная семёрка»

Харрисону, но он был занят в другой пьесе. Следующим кандидатом стал Ноэл Кауард — также английский актёр и, к тому же, драматург и режиссёр. Однако Кауард не захотел исполнять роль, написанную не им самим... Третьим кандидатом на роль короля оказался американец Альфред Дрейк, актёр и певец, но он соглашался подписать контракт только на шесть месяцев.

Работа над мюзиклом «Король и я» началась, а исполнителя роли короля всё ещё не было. И когда об этом узнала звезда Бродвея Мэри Мартин, она сказала автору либретто Оскару Хаммерстайну, что лучшего короля, чем Юл Бриннер, быть не может, и посоветовала пригласить Бриннера на пробу. Хаммерстайн и Ричард Роджерс, писавший музыку, прислушались к её совету. Они пригласили Бриннера и... Остальное, как принято говорить, уже история...

Но почему Мэри Мартин не сомневалась, что Юл Бриннер отлично справится с ролью? Ответ чуть позже. Познакомимся сначала с его путём в актёры.

Юл Бриннер родился во Владивостоке. Одна из центральных улиц этого города — одного из красивейших

в России — называется Алеутской. Её украшение — дом
номер 15. Он построен в 1910 году купцом первой гильдии Юлием Ивановичем Бринером — дедом актёра. Дед,
писавший свою фамилию с одним «н», был человеком ин-
тереснейшим. О нём можно было бы сделать захватывающий фильм.

Жюль — так его называли — родился в швейцарской
деревушке, неподалёку от Цюриха, но далеко от моря.
Начитавшись в детстве книг о морских приключениях,
14-летний Жюль ушёл в 1863 году из родительского дома.
В 16 лет устроился юнгой на торговое судно, отправляв-
шееся в плавание по Средиземному морю, а затем вокруг
Африки в Китай. Жюль работал в Китае (в Шанхае), за-
тем в Японии (в Йокогаме). И кем он только не работал!
В 1874 году 25-летний Жюль Бринер сошёл с корабля во
Владивостоке и остался на берегу.

Владивосток был заложен 14 годами ранее. «Владей Востоком» — так назвали россияне этот военный форпост,
уверенные, что он откроет им путь к Владению Востоком.
Молодому городу требовались предприимчивые люди,
а Жюль Бринер был таким. Он говорил на французском,
немецком, английском, японском и одном из диалектов
китайского. У него были связи с купцами многих стран.
Энергия била из него ключом. Он легко выучил русский,
женился в 32 года на 16-летней Наталии, в 41 год принял
российское подданство. Созданные Бринером совместно
с партнёрами компании торговали земельными участ-
ками, занимались лесоразработками, судостроением,
добычей руды, морскими перевозками. И Бринер щедро
жертвовал на образование, искусство, музеи. Он был
в числе основателей Общества изучения Амурского края

и в группе основателей Приморского филиала Русского географического общества.

Юлий Иванович умер в марте 1920 года в доме 15 по Алеутской улице. А спустя четыре месяца — 11 июля — в этом же доме родился его внук Юл — будущая звезда театра и кино. Сегодня об этом свидетельствует мемориальная доска на фасаде дома. В сентябре 2012 года в сквере возле этого здания был установлен памятник Юлу Бриннеру.

Борис Бринер — отец Юла — был одним из шестерых детей основателя династии. Отец отправил его учиться в Санкт-Петербург — в Горный институт, считая, что сын должен стать управляющим свинцово-цинкового рудника Тетюха. В годы учёбы Борис часто бывал в Западной Европе, и он, как и отец, знал несколько языков... В Санкт-Петербурге Борис познакомился со студенткой Консерватории Марией Благовидовой, Марусей, как все её называли, дочерью известного во Владивостоке врача. Они поженились, когда оба были ещё студентами. В январе 1916 года у них родилась дочь Вера, а в июле 1920 — сын Юл.

В начале 20-х годов управляющему рудником Тетюха Борису Бринеру приходилось часто бывать в Москве. Он вёл переговоры с советским начальством — в том числе с Дзержинским — в наивной надежде, что рудник не будет национализирован. Частые поездки в Москву не прошли бесследно. Борис влюбился в актрису Московского художественного театра Екатерину Корнакову. Он оставил семью, когда Вере было семь лет, а Юлу три года. В 1926 году Маруся с детьми навсегда уехала из России. Они поселились в Харбине — в то время дальневосточном центре беженцев от большевистского режима. Борис и Екатерина также уехали из Советской России. Бринеровский рудник Тетюха стал государственной собственностью и одним из островов Архипелага ГУЛАГ. Ныне это город Дальнегорск.

Юлу Бриннеру было шесть лет, когда он с матерью и старшей сестрой стал жить в Харбине. В то время город насчитывал полмиллиона жителей, и более ста тысяч из них говорили по-русски. В этом городе Бриннер впервые познакомился с театром. В Харбин приехал на гастроли советский театр с оперой Римского-Корсакова «Снегурочка». Семилетний Юл, бравший уроки игры на фортепьяно, был потрясён спектаклем... Ему было 12, когда в Харбине поселились отец с мачехой. Маруся не желала видеть бывшего мужа и уехала с детьми в Париж. Там Вера брала уроки пения, Юл поступил в лицей, однако проучился недолго.

Вере было 17 лет, когда она взяла своего 13-летнего брата на Монмартр в ресторан, где выступали цыгане — Иван Дмитриевич с сыновьями. Вера не только слушала, но и подпевала. Она приглянулась Алёше Дмитриевичу, 19-летнему сыну Ивана. Он пригласил её прийти в ресторан следующим вечером. Вера пришла, снова с братом. Алёше это не понравилось, и он прямо и резко сказал об этом Юлу. В ответ 13-летний Юл пустил в ход кулаки. С этой драки и началась многолетняя дружба Юла Бринера и Алёши Дмитриевича. Подросток Юл решил учиться играть на гитаре. И через год уже пел в ресторанах цыганские песни, аккомпанируя себе на гитаре. А параллельно он увлёкся цирком. И как увлёкся! Бриннер выступал в амплуа летающего клоуна — на трапеции под куполом цирка.

В 16 лет Юл Бриннер был известен в Париже как исполнитель цыганских песен и цирковой артист. Вопреки желанию матери, он общался с Катериной, второй женой отца, бывшей актрисой. Она поощряла увлечение Юла эстрадой и цирком. И когда однажды он признался, что хотел бы учиться театральной грамоте, Катерина посоветовала ему связаться с Михаилом Чеховым — бывшим актёром Московского художественного театра, который уехал из Советского Союза, жил в Европе и часто бывал в Париже. «Великолепный учитель», — сказала она о Чехове.

Потребовалось, однако, несколько лет, чтобы Бриннер воспользовался её советом. Он стал учеником Чехова, но это произошло не в Европе, а в Америке. Юл с матерью приехал в Нью-Йорк летом 1940 года. Его сестра Вера уже жила в это время с мужем-пианистом в Нью-Йорке, она встречала мать и брата на манхэттенском пирсе на берегу Гудзона.

Бриннер приехал в Америку как гражданин Швейцарии. Согласно законам Швейцарии, гражданство передаётся по наследству, но только мужчинам. Юлий Иванович Бринер, уроженец Швейцарии, оставался гражданином этой страны, хотя и принял российское подданство. Его сын Борис родился в России и сохранял гражданство Швейцарии. И Швейцария признавала своим гражданином не только родившегося в России Юла Бриннера, но и родившегося уже в Америке его сына Роки.

В первый же день после прибытия в Нью-Йорк Юл Бриннер спросил сестру Веру, как добраться до коннектикутского города Риджфилд, где жил Чехов. «С железнодорожного вокзала Гранд-Сентрал», — сказала Вера, и Юл, не говоривший по-английски, поехал в Риджфилд. Здесь он стал постигать не только тайны театрального искусства, но и учил английский.

Вскоре после вступления Америки во Вторую мировую войну Чехов уехал в Голливуд, Бриннер остался в Нью-Йорке. Он пел в ресторанах, позировал обнажённым студентам-художникам. Он работал волонтёром в управлении военной информации — читал по радио военные сводки по-французски для бойцов Сопротивления и по-русски для советских радиослушателей. В 1944 году Юл женился на актрисе Вирджинии Гилмор и вскоре получил американское гражданство. Они стали выступать в телешоу «Мистер и Миссис». Это была первая в истории американского телевидения передача с участием супружеской пары, причём участники этого телешоу на самом деле были женой и мужем.

В 1945 году режиссёр Джон Хаузмен искал исполнителя главной мужской роли для мюзикла «Песня лютни». На женскую роль он пригласил Мэри Мартин, которая прославилась в музыкальных фильмах и бродвейских мюзиклах. Кандидатов на мужскую было несколько. Кастинг прошёл Бриннер. Премьера состоялась 6 февраля 1946 года, и Бриннер заслужил премию как самый перспективный актёр Бродвея. Но премия премией, а новых предложений он не получал и продолжал работать на телевидении.

Наступил 1951 год, Бриннеру пошёл четвёртый десяток, а он до сих пор оставался «перспективным». И, может быть, — кто знает! — остался бы таковым, как многие актёры, но Мэри Мартин не забыла своего партнёра по мюзиклу «Песня лютни». Узнав, что постановщики мюзикла «Король и я» всё ещё бьются над поиском исполнителя роли короля, она посоветовала им попробовать Юла Бриннера.

Многие годы спустя автор музыки к этому мюзиклу Ричард Роджерс вспоминал: «Из-за кулис на сцену вышел обритый наголо человек. Он сел на пол, скрестив ноги. У него была гитара, и он запел... Мы посмотрели с Оскаром друг на друга и сказали: „Это то, что нам нужно!"». Бриннер пел «Окончен путь» — свою любимую песню, и пленил исполнением Роджерса и автора либретто Оскара Хаммерстайна.

«Король и я» стал бродвейским хитом, самым популярным мюзиклом в 50-е годы. Голливуд экранизировал спектакль, а Бриннер получил в 1956 году «Оскара» и вошёл в число суперзвёзд Голливуда.

Бриннер снимался ежегодно и обычно в нескольких фильмах за год. И продолжал играть в театре. В 1976 году «Король и я» был возобновлён на бродвейской сцене, и Бриннер получил премию «Тони», которую заслужил, конечно, ещё двадцатью годами ранее.

Юл Бриннер был заядлым курильщиком, выкуривал по три пачки сигарет в день, и курение свело его в могилу. Он скончался 10 октября 1985 года, когда ему было 65 лет.

Незадолго до смерти Юл Бриннер снялся по просьбе Национального института рака в телеролике о вреде курения. Обращение Бриннера к курильщикам впервые вышло в эфир в день его смерти. Глядя в камеру, он говорил: «Сейчас, когда стало известно о моей смерти, предупреждаю вас: не курите! Всё что угодно, только не курение. Если бы я мог вернуться и бросить курить, не было бы повода обсуждать мой рак. Я в этом уверен».

Повторим, читатель, вслед за Юлом Бриннером: дамы и господа, не курите!

* * *

Несколько слов о старейшине мексиканской деревни в фильме «Великолепная семёрка». Помните мудрого доброго седого человека? Его роль исполняет Владимир Соколофф, один из актёров Московского художественного театра, оставшихся в Америке в ходе гастролей в 1923 году. Во время съёмок «Великолепной семёрки» ему был 71 год. В нерабочие часы Бриннер и Соколофф говорили друг с другом по-русски.

Соколофф умер в Лос-Анджелесе в тот год, когда фильм триумфально шествовал по Советскому Союзу.

«Еврейский Марк Твен»

Шолом Нохумович (он же Соломон Нахимович) Рабинович, известный всему читающему миру как Шолом-Алейхем, родился 2 марта 1859 года в небольшом городе Переяслав (Полтавская губерния) и скончался от туберкулёза 13 мая 1916 года в пятимиллионном Нью-Йорке, где его провожали в последний путь более ста тысяч человек, и это была одна из самых грандиозных за всю историю города похоронных процессий.

В своём завещании Шолом-Алейхем писал: «Где бы я ни умер, пусть меня похоронят не среди аристократов, богачей и знати. Пусть меня похоронят там, где покоятся простые евреи, настоящий народ, дабы памятник, который поставят на моей могиле, украсил простые могилы вокруг меня, а простые могилы дабы украшали мой памятник — как простой честный народ при моей жизни украшал своего народного писателя».

На надгробии Шолом-Алейхема дата смерти — 12. Потому что он смертельно боялся числа 13. В его рукописях нет 13-й страницы. 13-я нумеровалась 12а.

Можно только гадать, стал бы Соломон Рабинович писателем Шолом-Алейхемом, если бы в 15-летнем возрасте не прочитал роман Даниэля Дефо «Робинзон Крузо». Прочитав, решил стать писателем. Не откладывая дело в долгий ящик, сочинил еврейскую версию «Робинзона Крузо» и подписал своё творение «Шолом-Алейхем», что есть традиционное еврейское приветствие, означающее «Мир вам». Обо всём этом он поведал много лет спустя в автобиографическом романе «С ярмарки», который остался, увы, незавершённым.

Шолом учился в еврейской школе — хедере, затем в уездном училище и, закончив его с отличием в 17 лет, начал давать частные уроки. О талантливом учителе прослышал богатый арендатор помещичьих земель Элимелех Лоев, живший в Киевской губернии под Богуславом. Он пригласил учителя давать уроки Голде, своей дочери. В доме имелась хорошая библиотека. У учителя достаточно времени для чтения. Но... Учитель полюбил ученицу. Отец воспылал гневом, и будущий писатель потерял работу. В течение нескольких лет Шолом писал Голде, но письма не доходили до неё. Отец подкупил почтальона, и тот передавал письма ему. Но от судьбы не уйдёшь. В 1883 году 24-летний Соломон Рабинович женился на 18-летней красавице Голде. В этом же году были опубликованы первые произведения Шолом-Алейхема на идише — «Два камня», «Выборы» и «Перехваченные письма». Спустя два года, в 1885-м, писатель разбогател. Умер тесть, и жена Шолом-Алейхема получила большое наследство. Разбогатев, Шолом-Алейхем начал издавать сборники «Еврейская народная библиотека». Платил он авторам неслыханные в те годы гонорары. Печатал и свои романы. В 1894 году Шолом-Алейхем начинает писать повесть «Тевье-молочник».

Шолом-Алейхем

Талантливый писатель Шолом-Алейхем оказался бесталанным бизнесменом. Увлечение биржевыми спекуляциями и непомерные гонорары начинающим авторам привели к тому, что наследство тестя к началу 90-х годов испарилось. Но к этому времени Шолом-Алейхем был уже писателем с мировым именем. Прокатившиеся по югу Российской империи погромы заставили Шолом-Алейхема покинуть эту страну навсегда. В 1905 году семья писателя обосновалась в Женеве, а он отправился на следующий год в Нью-Йорк и следующие два года жил в городе с крупнейшей в мире еврейской общиной. В Америке его прозвали «еврейским Марком Твеном». Тот и другой печатали свои произведения под псевдонимами, рассказы того и другого были наполнены юмором, тот и другой писали для взрослых и детей, тот и другой читали лекции. «Скажите ему, я американский Шолом-Алейхем», — так реагировал Марк Твен. Но «еврейский Марк Твен» столкнулся в Америке с чем-то совершенно новым для себя.

Шолом-Алейхем был одним из популярнейших авторов, писавших для манхэттенских и бруклинских театров на идише. Его комедии «Золотоискатели» и «Крупный выигрыш» собирали полные залы. Но в еврейской общине Нью-Йорка существовала конкуренция между театральными компаниями. Каждая хотела первой заполучить новую пьесу Шолом-Алейхема. Вражда компаний выливалась на страницы газет. Писатель оказался в центре предпринимательских раздоров. Критики обвиняли его в желании заработать больше, чем, по их мнению, он заслуживает. И в 1908 году Шолом-Алейхем без сожаления расстался с Нью-Йорком и воссоединился с Голдой и детьми в Женеве.

Недолгое пребывание Шолом-Алейхема в Америке было отмечено событием, которое не всегда оказывается в поле зрения его биографов: в 1907 году он был в составе делегации США на Всемирном сионистском конгрессе в Гааге. Мы можем смело говорить о сионистских взглядах писателя. Его перу принадлежат заметки «О заселении Эрец-Исраэль» и «Зачем евреям нужна страна?» Он откликнулся на смерть основателя сионизма очерком «Доктор Теодор Герцль». Незадолго до смерти написал очерк «Нашим сёстрам в Сионе».

Шолом-Алейхем жил в Европе ещё до Мировой войны, с её началом вернулся в Америку — в Нью-Йорк. Скончался до вступления США в европейскую войну. Англоязычным американцам он стал известен годы спустя после смерти — в 1964 году, когда бродвейский театр «Империал» поставил мюзикл «Скрипач на крыше» по повести «Тевье-молочник» и нескольким рассказам Шолом-Алейхема. Первоначально мюзикл решили назвать «Тевье-молочник». Но затем его авторы вспомнили знаменитую картину Марка Шагала «Скрипач», и она подсказала название мюзикла о жизни в еврейском местечке в царской России. Либретто написал Джозеф Стейн, классик современного американского театра. В одном из интервью он сказал: «Идишские тексты пришлось переосмысливать для американской аудитории... Да и если бы за дело взялся сам Шолом-Алейхем, то и он переписал бы свои произведения, чтобы преуспеть на американской сцене».

Мюзикл «Скрипач на крыше» имел оглушительный успех. Он не сходил со сцены в течение трёх лет — с 1964 года по 67-й — в театре «Империал». В 67-м «Скрипач на крыше» перешёл на сцену театра «Маджестик». А в 70-м — на сцену театра «Бродвей». Один мюзикл — поочерёдно — в трёх театрах. Такого в истории не бывало!.. В общей сложности «Скрипач на крыше» выдержал три тысячи двести сорок два представления, установив рекорд для бродвейских театров. Мюзикл был награждён девятью премиями «Тони», которые в театре соответствуют киношным «Оскарам». А в 1971 году Голливуд сделал фильм «Скрипач на крыше», который получил три «Оскара».

Красавица Голда родила мужу шестерых детей. Лайла Кауфман, одна из дочерей, унаследовала отцовский талант, стала писательницей, но, в отличие от отца, писавшего на идише, писала на иврите. Писательницей стала и дочь Лайлы Кауфман, внучка Шолом-Алейхема Бел Кауфман. Она родилась в Берлине, где её отец был врачом. Детские годы Бел прошли в Одессе и Киеве, её родным языком был русский. Бел Кауфман было 12 лет, когда в 1923 году она приехала в Америку вместе с родителями. Девочка не говорила ни слова по-английски. Однако Бел Кауфман стала писать на английском. И как писать! Её роман «Вверх по лестнице, ведущей вниз» стал бестселлером, был переведён на многие языки, в том числе на русский, и был экранизирован в Голливуде.

Она владела
умами американцев

В прошлом веке в Америку приехали десятки писателей и поэтов, писавших на русском языке. Но только трое из них получили всеамериканскую — да и мировую — известность, создавая произведения на английском. Это — Айн Рэнд, Владимир Набоков и Иосиф Бродский. Литературные критики справедливо заметят, что Рэнд уступает Набокову и Бродскому как мастер литературы, но у Рэнд неизмеримо больше читателей.

В 1991 году Библиотека Конгресса и клуб «Книга месяца» (*Book of the Month*) попросили читателей назвать книгу, которая оказала наибольшее влияние на их жизнь. Первое место в опросе заняла Библия, второе — роман Айн Рэнд «Атлант расправил плечи». В 1998 году сайт «Современная библиотека» (*Modern Library*) провёл опрос, чтобы выяснить, какие книги американских писателей XX века оказали наибольшее влияние на жизнь читателей. Первое место занял «Атлант расправил плечи». За ним следует роман Айн Рэнд «Источник». На седьмом и восьмом местах её роман «Мы живые» и повесть «Гимн». Все произведения Рэнд опередили в этом списке «Великого Гэтсби», «Гроздья гнева», «Улисса» и другие классические произведения американской литературы прошлого столетия.

Айн Рэнд родилась в 1905 году в Санкт-Петербурге как Алиса Зиновьевна Розенбаум. Читать и писать научилась в четыре года, в детстве писала небольшие рассказы. Алиса училась в знаменитой женской гимназии, основанной Марией Стоюниной; её подругой была сестра Владимира Набокова. В 1921 году Розенбаум поступила в Петроградский университет, окончила его в 1924 году, в конце следующего получила визу на учёбу в Америку. Её первый печатный труд появился в России в конце 1925 года незадолго до отъезда за океан. Это была брошюра о польской киноактрисе Аполонии Халупец, ставшей под псевдонимом Пола Негри звездой и секс-символом немого кино. И, уезжая в Америку, Алиса мечтала о Голливуде — хотела стать актрисой и сценаристкой.

10 февраля 1926 года Алиса Розенбаум спустилась в Нью-Йорке по трапу с парохода. Первые месяцы в новой стране она провела у родни в Чикаго, затем уехала в Калифорнию, в Голливуд, и стала называть себя Айн Рэнд. Почему так? Она никогда сама не объяснила. Предполагают, что фамилию ей подсказала пишущая машинка «Ремингтон Рэнд», которую она привезла с собой в Америку. Что же касается имени, то Айн на иврите означает «глаз». Так или иначе, но мир читает писательницу Айн Рэнд, и многие читатели вряд ли знают, как её назвали при рождении.

Мечта Рэнд о Голливуде сбылась едва ли не сразу. Сначала она работала статисткой, а в 1927 году снялась в эпизодической роли в исторической драме «Царь царей» — жизнеописании Иисуса Христа. В работе над этим фильмом Рэнд познакомилась с актёром Фрэнком О'Коннором.

Айн Рэнд

В 1929 году они поженились. Некоторые биографы Рэнд пишут, что Айн и Фрэнк полюбили друг друга с первого взгляда. Некоторые полагают, что поскольку срок визы Рэнд истекал, ей требовался американский муж. Спустя два года после замужества Рэнд получила американское гражданство. Прожили они вместе пятьдесят лет, хотя у Рэнд случались серьёзные увлечения, о чём Фрэнк знал.

В 1932 году новая американка добилась первого в Америке литературного успеха: киностудия «Универсал» приобрела у неё сценарий «Красная пешка». Правда, фильма по этому сценарию не вышло. Но вот уже по следующему сценарию Рэнд в 1934 году был снят фильм «Ночью 16 января», действие которого происходит в зале суда. На следующий год «Ночью 16 января» поставили на Бродвее. Присяжных каждый раз выбирали из числа зрителей, и от вердикта жюри — «виновен» или «невиновен» — зависело, как будет развиваться действие в спектакле и каким будет финал.

Первый роман Рэнд «Мы живые» был опубликован в 1936 году. Это полуавтобиографическое произведение —

история девушки дворянского происхождения в Советской России. Затем Рэнд начала писать роман «Источник» — своё первое философское произведение, разоблачающее тоталитаризм в любой форме. Она работала над «Источником» семь лет. В промежутках, во время отдыха, написала футуристическую повесть «Гимн» — о варварском обществе, в котором ни у кого нет личных имён: есть «мы», но нет «я», никто не имеет права думать, творить, выбирать свой жизненный путь.

Роман «Источник» вышел в свет в 1943 году. Это было военное время. Миллионам людей было не до чтения. Тем не менее книга стала бестселлером в англоязычном мире. Она принесла автору всемирную известность и финансовое благополучие. В год публикации романа киностудия Warner Bros. купила у Рэнд право на экранизацию. Фильм имел большой успех. Этому в немалой степени способствовали исполнители главных ролей — звёзды Голливуда Гэри Купер и Патриша Нил.

Погрузившись в конце 30-х годов в работу над романом «Источник», Айн Рэнд не перестала интересоваться окружающей её действительностью. Как раз наоборот! В это время она становится политически активной и останется такой до конца жизни. В 1940 году Рэнд впервые стала выступать публично — агитировала за кандидата Республиканской партии в президенты Уэнделла Уилки, который противостоял президенту Франклину Делано Рузвельту. Будучи, сторонницей индивидуализма и частной инициативы, Рэнд не могла поддерживать автора социалистического «нового курса». Гражданская позиция Рэнд способствовала её знакомству с создателем австрийской экономической школы Людвигом фон Мизесом — сторонником невмешательства государства в экономику. После захвата власти нацистами он эмигрировал в Америку. Позднее, когда вышел в свет роман «Атлант расправил плечи», Мизес назвал Рэнд «самым смелым человеком в Америке».

В 40-е годы Айн Рэнд активно участвовала в работе Союза кинодеятелей за сохранение американских идеалов — антикоммунистической организации, противостоящей в Голливуде коммунистам. В 1947 году она приняла приглашение выступить в Палате представителей в комитете по антиамериканской деятельности. Рэнд критиковала снятый в Голливуде просоветский фильм «Песня России». Действие фильма проходит до нападения национал-социалистической Германии на своего союзника. Герой картины дирижёр Джон Мередит отправляется в СССР на гастроли. Во время гастролей Мередит влюбляется в советскую пианистку Надю Степанову из села Чайковское (!). Разъезжая по стране, они встречаются с улыбающимися, здоровыми, счастливыми советскими людьми — колхозниками и рабочими.

Айн Рэнд стала в Палате представителей главным обличителем кинопродукции, прославляющей сталинский режим. Вот, что она говорила 20 октября 1947 года конгрессменам — членам комитета по антиамериканской деятельности:

«Я общалась с людьми, которые покинули Россию или сбежали из неё позже меня, и знаю, что время, которое я застала — 1926 год, — было лучшим послереволюционным временем. Тогда условия были чуть лучше, чем стали сейчас. Но и в то время мы были скопищем оборванных, истощённых, грязных, жалких людей, у которых было всего две мысли. Во-первых, полнейший террор: мы боялись взглянуть

друг на друга, боялись сказать хоть что-то, страшась, что кто-то услышит и донесёт на нас. И вторая: где взять еду. Вы понятия не имеете, что значит жить в стране, где у всех мысли только о еде, где все разговаривают только о еде, потому что так голодны, что ни о чём другом не могут думать и ничего другого не в состоянии делать. Политика их не волнует. Романтические отношения их не волнуют — нет ничего кроме еды и страха.

В фильме это не показано.

После экскурсии по Москве герой — американский дирижёр — едет в советскую деревню. Российские деревни — это нечто, жалкие и мерзкие. Они и до революции такими были. Уже тогда. Во что они превратились сейчас, я боюсь представить. Вы все читали о программе коллективизации 1933-го, когда советское правительство признало, что три миллиона человек умерло от истощения. Другие источники говорят о семи с половиной миллионах, но три миллиона — это цифра, признанная советским правительством, как число людей, погибших от истощения вследствие того, что правительство загоняло их в колхозы. Это документированный исторический факт.

А вот какова жизнь в советской деревне, представленная в «Песни о России». Вы видите счастливых крестьян. Вы видите, как они встречают героя на станции, с оркестром, в красивых сорочках и ботинках, каковых у них быть не может. Вы видите детей в опереточных костюмах и духовой оркестр, который они никогда не могли бы себе позволить. Вы видите наманикюренных старлеток, которые управляют тракторами, и счастливых женщин, которые поют, идя с работы. Вы видите крестьянина в доме, и он употребляет такие яства, за которые там могли убить...»

Конгрессмен-республиканец Джон Макдауэлл не соглашается с Айн Рэнд: *«Есть большая разница (между вами) и теми русскими, которых я уже знаю, а я знаю многих. Неужели они не ведут себя как американцы? Не идут гулять по городу, чтобы навестить свою тёщу или ещё кого-нибудь?»*

Айн Рэнд: *«Видите ли, это очень сложно объяснить. Почти невозможно втолковать свободному человеку, что значит жить при тоталитарной диктатуре. Я могу привести множество подробностей. Но я никогда не смогу полностью убедить вас, потому что вы свободны. Даже хорошо, что вы и вообразить не можете, на что это похоже. Конечно, у них есть друзья и тёщи. Они пытаются жить человеческой жизнью, но, поймите, она совершенно бесчеловечна. Попробуйте вообразить, каково жить при постоянном терроре, с утра до вечера, а ночью ждать звонка в дверь, когда вы боитесь всех и всего, живя в стране, где жизнь человека не стоит ничего, меньше, чем ничего, и вы это понимаете. Вы не знаете, кто или что вам грозит, потому что у вас могут быть друзья, которые за вами шпионят. Где нет законов и никаких прав вообще…»*

Завершая показания — ответы на вопросы конгрессменов, Рэнд сказала: *«Я считаю, что боевой дух не следует поднимать с помощью лжи. Если о России нельзя сказать ничего хорошего, то лучше вообще ничего не говорить».*

Айн Рэнд ездила в Вашингтон на встречу с конгрессменами вскоре после начала работы над своим главным произведением — фантастическим романом «Атлант расправил плечи». Он вышел в свет в 1957 году и немедленно занял — и надолго — первое место в списке бестселлеров.

В этом романе Рэнд использует только две краски — белую и чёрную. Его герои — почти полубоги: красивые, честные, благородные, трудолюбивые. Антигерои — уродливы, трусливы, они лжецы и негодяи. Герои — индустриалисты, учёные, изобретатели, художники... Антигерои — государственные чиновники и их прислужники. И вот к власти в Соединённых Штатах, как и во всём мире, приходят социалисты, и начинается гонение на тех, кто производит богатства. На смену свободному предпринимательству и рыночной экономике приходит экономика плановая, и страна постепенно погружается во тьму. Силы добра объявляют всеобщую стачку, и в результате вспыхивает гражданская война... Советский Союз в романе ни разу не упомянут, но каждому, кто читает «Атланта», совершенно ясно, что общество насилия — это тоталитарная страна. Будь то СССР или любая страна, которая уничтожает частную инициативу, заменяя её государственным планированием. В Америке сегодняшнего дня это должно быть понятно каждому.

В 1951 году Айн Рэнд переехала из Лос-Анджелеса в Нью-Йорк, прожила в этом городе три десятилетия. Она купила в Манхэттене скромную квартиру — обычную для американца среднего достатка: гостиная, спальня, рабочий кабинет, кухня... В это время она была состоятельным человеком, легко могла позволить себе купить загородный дом. Вокруг хозяйки сформировался кружок читателей-почитателей. Они встречались по уик-эндам и обсуждали текущие события. В их числе был молодой экономист Алан Гринспэн, ставший много лет спустя главой Федерального резерва — Центрального банка. Эти молодые и яркие люди назвали свою группу «Коллектив», хотя все как один были противниками коллективизма. В 1958 году член кружка Айн Рэнд Натаниэл Бренден (он был любовником писательницы, о чём знал её муж) организовал лекционное бюро «Институт Натаниэла Брендена». Оно популяризировало философию объективизма, как её назвала сама Рэнд. Члены кружка выступали с лекциями в университетах, в общественных организациях, всюду, куда их приглашали, а приглашения приходили со всей страны. Группа выпускала бюллетень *The Objectivist Newsletter*. Рэнд постоянно печаталась в нём.

Рэнд называет свою философию «объективизмом», чтобы подчеркнуть: реальность является «объективным абсолютом», и разум, а не чувства, — это наше единственное средство познания и выживания. Рэнд защищает разумный эгоизм, ибо, уверена она, мы нуждаемся в нравственности для нашего собственного блага, а не для общего блага или для блага других. Она также уверена, что разумный эгоизм — это незаменимая основа свободы, а свобода необходима для нашего собственного выживания и счастья как разумных существ, которые думают и действуют по собственному выбору. Рэнд превозносит капитализм как «социальную систему, основанную на признании индивидуальных прав, включая право собственности, при котором всё имущество находится в частной собственности». О расизме она пишет: «...Самая низкая, самая грубая и примитивная форма коллективизма. Это понятие приписывать моральное, социальное или политическое значение генетической линии человека. Расизм утверждает, что убеждения, ценности и характер человека определяются до его рождения физическими факторами, находящимися вне его контроля».

Айн Рэнд сделала философию объективизма доступной и понятной каждому. Объективизм известен во всём мире и пользуется особенной популярностью на своей родине, в Америке.

Рэнд умерла от инфаркта 6 марта 1982 года в своей квартире. Она пережила мужа на три года. Её похоронили на кладбище Кенсико в северном нью-йоркском пригороде Маунт-Плезант. Там же похоронен и муж Рэнд. Там же нашли покой многие знаменитости. В частности, Сергей Рахманинов.

В 1985 году Леонид Пейкофф, член кружка Айн Рэнд, основал в калифорнийском городе Ирвин Институт Айн Рэнд. Здесь хранится архив писательницы, новые поколения американцев могут познакомиться с философией объективизма.

В 1990 году философ Дэвид Келли основал общество «Атлант» для пропаганды идей писательницы. Книги Рэнд «Источник» и «Атлант расправил плечи» ежегодно переиздаются многотысячными тиражами. В разгар экономической рецессии 2008 года «Атлант расправил плечи» стал одной из самых читаемых книг в Америке.

В Россию книги Айн Рэнд пришли после развала Советского Союза. Можно только гадать, как сложилась бы судьба Алисы Розенбаум, если бы она осталась в СССР. Её родители умерли в Ленинграде во время блокады. Её первая любовь — выпускник Ленинградского технологического института Лев Беккерман, которого она вывела в романе «Мы живые» под именем Лео Коваленского, — был расстрелян в 1937 году.

Набоковы: уникальный творческий союз

Набоковы прожили вместе 52 года. Вера пережила Владимира почти на 14 лет. Когда она умерла, *New York Times* напечатала некролог: «Госпожа Набокова была женой писателя, его музой и идеальным читателем, его секретарём, машинисткой, редактором, корректором, переводчиком и библиографом; его агентом, бизнес-менеджером, юридическим советником и шофёром; его помощником в исследованиях, преподавательской работе и его заместителем на профессорской кафедре». К этому перечню газета могла бы добавить: когда у машины прокалывалась шина, жена, а не муж, меняла покрышку. Когда запаркованную машину заваливало снегом, она, а не муж, работала лопатой. Если бы Набоковым потребовалось защищаться, это было бы обязанностью Веры, поскольку она, а не муж, владела оружием.

«Без моей жены я не написал бы ни одного романа», — сказал однажды Владимир Набоков. Это вряд ли было преувеличением. И эта замечательная пара была влюблена в Америку. Американское гражданство было предметом гордости супругов Набоковых.

«В Америке я счастлив более, чем в любой другой стране, — говорил Набоков. — Именно в Америке я обрёл своих лучших читателей, умы, наиболее близкие моему. В интеллектуальном смысле я чувствую себя в Америке как дома...»

А вот ещё: «Рискуя разбить сердце своих русских читателей, с гордостью говорю, что являюсь американским писателем...»

В 1967 году Вера прервала летний отдых во Франции, когда президент Франции Шарль де Голль произнёс антиамериканскую речь. Вера отправила возмущённое письмо в газету *Le Figaro*, и письмо было напечатано. Вера писала, что она и Владимир решили бойкотировать французские товары: «Сейчас просто нельзя покупать что-то во Франции или из Франции».

Они родились в Санкт-Петербурге. Он — 22 апреля 1899 года, она — 5 января 1902-го.

Владимир Набоков принадлежал к старинному дворянскому роду. «Предков моей бабки с её отцовской стороны... можно проследить до XIV века. В Санкт-Петербургской губернии, — вспоминал он, — Набоковы соседствовали поместьями с Рукавишниковыми. Моя мать, Елена, была дочерью Ивана Рукавишникова, помещика и филантропа». Иван Рукавишников был богатейшим золотопромышленником. Отец писателя, Владимир Дмитриевич Набоков, юрист по образованию, был одним из основателей Конституционно-демократической партии — партии кадетов. После Февральской революции он занимал пост управляющего делами Временного правительства.

В 1913 году отец Набокова передавал из Киева в газету «Речь» корреспонденции с процесса Менахема Бейлиса, которого обвиняли в якобы совершённом им преступлении — ритуальном убийстве. Журналист Набоков разоблачал прокурора и каждого, кто обвинял Бейлиса. Он не стеснялся в выражениях. За эти корреспонденции его привлекли к суду. Его судили за «неподобающий язык» и оштрафовали.

Будущему писателю было 14 лет. Он знал, что происходит в Киеве. С юношеских лет он на дух не переносил антисемитов. Много лет спустя, вскоре после приезда в Америку, его пригласили на встречу с жившими в Америке русскими эмигрантами. Набоков покинул собрание, как только услышал, как один из присутствовавших позволил себе оскорбительно отозваться о евреях.

В 1916 году Набоков издал на свои деньги поэтический сборник «Стихи». В нём было 68 стихотворений. Их раскритиковал в пух и прах поэт Владимир Васильевич Гиппиус — преподаватель словесности в Тенишевском училище, в котором учился Набоков. Гиппиус посоветовал

Вера и Владимир отдыхают за шахматами

своему ученику забыть о словотворчестве и избрать в жизни другое занятие. К счастью, Набоков не прислушался к совету. То же училище заканчивал (но раньше Набокова) Осип Мандельштам.

Когда Набоков был учеником Тенишевского училища, его будущая жена училась в гимназии. Вера родилась в семье адвоката Гамшея Лейзеровича (Евсея Лазаревича) Слонима, закончившего Петербургский университет и получившего степень кандидата права. Трёх дочерей он определил в гимназию, созданную княгиней Александрой Оболенской специально для девочек. Идею гимназии одобряли не все. Когда княгиня объявила о своём намерении открыть гимназию, её родственник генерал Потапов заявил: «А почему бы вам, Александрин, не открыть прачечного заведения?» В гимназию княгини Оболенской принимали учениц вне зависимости от вероисповедания. Вера Слоним была необычным ребёнком. В три года начала читать, причём читать газету, знала с детских лет четыре языка. Французский был первым, английский — вторым, русский считался третьим разговорным языком. И все Слонимы говорили, конечно, на идише.

Большевистский переворот нанёс удар по миллионам семей бывшей Российской империи. В их числе оказались семьи Набоковых и Слонимов. В начале 20-х годов те и другие добрались до Берлина. Владимир и Вера познакомились в немецкой столице в 1923 году. К этому времени Набоков окончил в Англии Кембриджский университет, в котором основал Славянское общество, переродившееся в Русское общество Кембриджского университета. И он уже был автором стихов, принёсших ему известность. Он писал под псевдонимом В. Сирин. Взял такой псевдоним, чтобы его не путали с отцом — также Владимиром. Отец Набокова был убит 28 марта 1922 года в Берлине во время покушения эмигрантов-монархистов на Павла Милюкова. Покушавшихся было двое. Первый выстрелил несколько раз, но промахнулся и был схвачен Набоковым. Когда Набоков удерживал его, прижимая к полу, в него трижды выстрелил второй монархист — Сергей Таборицкий... Спустя полтора десятилетия Таборицкий, отбывший тюремное заключение, стал одним из руководителей русских фашистов в нацистской Германии.

Владимир Набоков и Вера Слоним встретились после этого трагического события. Ко времени первой встречи Вера знала наизусть все стихи В. Сирина. 15 апреля 1925 года Вера Евсеевна Слоним и Владимир Владимирович Набоков сочетались браком в Берлине в Вильмерсдорфской ратуше.

Произошла бы их встреча, если бы не пришлось бежать от большевиков? Набоков не сомневался: встретились бы. Он не раз говорил это. К тому же он утверждал, что они могли видеть друг друга, когда детьми гуляли по Петербургу. Они встретились в Берлине и стали уникальной творческой парой.

Вера работала секретарём и стенографисткой, занималась техническими переводами, давала уроки французского языка и тенниса. Владимир обычно творил, но и к нему приходили ученики заниматься английским, французским и теннисом. Супруги были хорошими теннисистами, а Владимир ещё и неплохим боксёром. Но его главным спортивным увлечением был футбол. Он играл вратарём в Тенишевском училище и в Кембриджском университете. И был отличным вратарём. Об этом можно судить хотя бы по тому, что защищал ворота команды Кембриджского университета, а Англия — как-никак, родина футбола... Тема «Набоков-спортсмен» до сих пор ждёт своего исследователя.

Вскоре после женитьбы Набоков завершил свой первый роман — «Машенька». В последующие годы берлинской жизни он написал ещё восемь романов на русском языке, в их числе такие шедевры, как «Защита Лужина», «Приглашение на казнь» и «Дар». Приход нацистов к власти превратил жизнь Набоковых в ад, и когда в 1936 году Веру уволили, они с мужем и двухлетним сыном Димой перебрались в Париж. Здесь Набоков (Сирин) не написал ни одного романа на русском, писал только стихи, но написал первый роман на английском — «Истинная жизнь Себастьяна Нанта». Наступление немцев на Париж заставило Набоковых расстаться с Францией. В мае 1940 года им повезло стать пассажирами последнего рейса парохода «Шамплен», зафрахтованного Обществом помощи еврейским иммигрантам (ХИАС).

27 мая «Шамплен» доставил семью Набоковых в Нью-Йорк. К этому времени Сирин уже был признанным писателем в русскоязычном зарубежье — в европейском и американском. О творчестве Сирина знали и американцы — специалисты по русскому языку и литературе. Но Набоковы понимали: на литературные заработки не прожить. Следует найти настоящую работу. Они приехали в Нью-Йорк почти без гроша в кармане. Друзья и знакомые одолжили им денег. В их числе была Александра Львовна Толстая, дочь писателя, создавшая в Америке Толстовский фонд для помощи эмигрантам. «Возьмусь за любую работу, которая позволит существовать мне и моей

семье», — сказал Набоков Толстой. Она организовала ему встречу с директором книжного магазина издательства «Скрибнер» Николаем Вреденом. Он предложил Набокову заняться упаковкой книг — за 68 долларов в месяц. Набоков отказался. Прожить на такие деньги семья не могла, да и работа — с 9 утра до 6 вечера — не оставляла времени ни на что другое.

В Нью-Йорке Набоковы поселились в Манхэттене. «В жуткой квартире», — говорила Вера. Набоковы сняли эту квартиру, потому что их устраивала цена, также в одной минуте ходьбы был Центральный парк, в котором Вера гуляла с сыном, и в десяти минутах пешком находился Американский музей естественной истории. Набоков предложил музею свои услуги — в отделе энтомологии, точнее — лепидоптерологии — науке, изучающей бабочек. Владимир с детства увлекался коллекционированием бабочек, и собранные им коллекции хранятся ныне в нескольких музеях мира. Осенью 40-го и зимой начавшегося 41-го года Набоков работал — иногда целыми днями — в лаборатории музея. Работал как волонтёр, не получая ни цента. Зарабатывал рецензиями — на английском языке — в газетах и журналах. Он также давал уроки русского языка двум дамам, учившимся в Колумбийском университете. Денег едва хватало, чтобы свести концы с концами.

Первой постоянной работой Набокова в новой стране стала должность куратора отдела чешуекрылых в Музее сравнительной зоологии Гарвардского университета — в Кембридже, рядом с Бостоном. Здесь он работал с 1941 года по 48-й. Набоковы жили в крошечной квартире в двадцати минутах ходьбы от Музея. Время от времени «бабочковед» Набоков ездил по университетам страны с лекциями по русской и мировой литературе. Он читал их в Калифорнии, Теннесси, Джорджии, Миннесоте. В 1944 году начал постоянно преподавать в женском Коллеже Уэлсли, в получасе езды от Бостона. В кафетерии колледжа он как-то услышал, как повариха сказала ему вслед: «Надо бы как следует накормить этого доходягу»...

...Вера работала время от времени секретаршей в Гарвардском университете — на кафедре романских языков. Но когда ей предложили постоянное место в университетской библиотеке, она отказалась, поскольку была загружена работой дома. Какой работой? Во-первых, надо было заниматься сыном. Во-вторых, она помогала мужу.

Набоков постоянно писал. Писал же он своеобразно. Не на бумаге, а на карточках. И так он писал всегда. Вера перепечатывала на машинке написанное. Обычно несколько раз. В Европе В. Сирин писал на русском. В Америке Набоков писал исключительно на английском: и романы, и статьи, и рецензии, и лекции... И Вера всё, всё, всё перепечатывала. И редактировала. И она не только перепечатывала и редактировала написанное мужем. На ней лежала обязанность вести деловую переписку с издательствами. Она писала и печатала, а муж подписывал. Со временем Вера стала отвечать и на личные письма, адресованные мужу. Он не считал возможным расходовать драгоценное — для творчества — время на письма любого рода. И нагрузка Веры возросла многократно, когда вышел в свет роман «Лолита», который не только принёс Набокову мировую славу, но и освободил его от необходимости зарабатывать деньги каким-либо путём, кроме литературного.

В 1948 году Набоковы переехали на север штата Нью-Йорк в город Итака, знаменитый Корнельским университетом. Набоковы приехали сюда, чтобы работать в Корнеле. Официально, конечно, работал только муж. Но он всегда приходил на лекции с Верой. Когда болел, она читала лекции вместо него. И, как правило, она, а не он, проверяла экзаменационные работы студентов и выставляла оценки. Вера освобождала мужа от рутины, давая ему возможность творить. Он писал, как всегда, много. Главным трудом была «Лолита». И если бы не Вера, этот роман, возможно, не был бы написан.

Набоков начал писать «Лолиту» летом 1947 года. Осенью 48-го, когда Набоковы уже жили в Итаке, Вера спасла «Лолиту». Писатель понёс рукопись к жестяной бочке, в которой сжигался мусор. Он развёл огонь, и когда Вера вышла на улицу, уже бросал в огонь страницы, отпечатанные на машинке. Вера выхватила рукопись, и спасла из огня то, что ещё можно было спасти. И позднее — в 1950 и 51-м годах — жена останавливала мужа, когда он пытался сжечь «Лолиту». Набоков хотел уничтожить рукопись, поскольку считал, что издать её не удастся.

В ноябре 1951 года Набоков сказал руководителю издательства «Вайкинг-Пресс»: «Я нахожусь в процессе сочинения романа, в котором речь идёт о проблемах в высшей степени порядочного джентльмена средних лет, который испытывает в высшей степени безнравственные чувства к своей падчерице, девочке тринадцати лет».

Писалась «Лолита» не только дома, но и в бесчисленных поездках Набоковых по стране в поисках бабочек. Вера сидела за рулём, Владимир был пассажиром — сидел с блокнотом и карточками. Они останавливались на одну-две ночи в каком-нибудь мотеле, затем ночевали в другом, в третьем, в четвёртом... Главный герой романа Гумберт Гумберт путешествует в автомобиле по Америке с 12-летней Лолитой. На ночь они останавливаются в мотелях... Где бы проводили ночи Гумберт Гумберт и его нимфетка, как называл юных девочек герой романа, если бы не американские путешествия Владимира и Веры?

Роман был завершён 6 декабря 1953 года. Рукопись прочитали руководители многих издательств, и никто не хотел её печатать. Между тем литературный Нью-Йорк читал «Лолиту». Роман стал американским самиздатом. Как в Советском Союзе читали запрещённые властями книги, так в Соединённых Штатах читали «Лолиту». Не существовало, конечно, закона, который запрещал бы публиковать роман. Но пуританские взгляды были сильнее любого закона. Осенью 1955 года, почти через два года после завершения, «Лолита» увидела свет во Франции в издательстве «Олимпия-Пресс», которое выпускало в свет такие произведения, как «Мемуары проститутки» и «Сексуальная жизнь Робинзона Крузо».

Всемирная знаменитость — английский писатель Грэм Грин — стал первым представителем литературного истеблишмента, который во всеуслышание восхитился романом Набокова. В декабре 1955 года, перед Рождеством, лондонская газета *Sunday Times* попросила Грина назвать три лучшие книги уходящего года, и он включил «Лолиту» в число этих трёх. Однако потребовалось ещё почти три года для американского издания «Лолиты». Только в августе 1958-го роман напечатало издательство *Putnam*, и он тут же возглавил список бестселлеров. Через три недели после публикации было продано сто тысяч экземпляров книги. Такого не было со времени публикации в 1936 году романа Маргарет Митчелл «Унесённые ветром».

«Лолита» позволила Набокову отказаться от преподавательской работы. Ему было 59 лет, Вере — 56. Они получили возможность жить исключительно на заработки, связанные с творчеством.

Через два года после американской публикации «Лолиты» граждане Соединённых Штатов Америки Владимир и Вера Набоковы вернулись в Европу. Они обосновались в Швейцарии в городе Монтре. Здесь Набоков написал свои последние романы, в их числе «Бледное пламя» и «Ада». Он умер в 1977 году. Вера пережила его на 14 лет.

Творчество Набокова изучалось и изучается. Его книги экранизируют и ставят на театральной сцене. О Набокове снимаются документальные фильмы.

Многое ли можно добавить к тому, что написано о нём и что сказано? Да, несколько слов. В мае 1974 года Набоков опубликовал воззвание в защиту осуждённого советскими властями диссидента Владимира Буковского. В декабре того же года он отправил телеграмму в Ленинград в защиту арестованного писателя Владимира Марамзина. В том же году Набоков встретился с уехавшими из Советского Союза писателями Виктором Некрасовым и Владимиром Максимовым. Через всю жизнь в Европе, Америке и снова в Европе Владимир и Вера Набоковы пронесли абсолютное неприятие коммунизма и нацизма, между которыми они большой разницы не видели.

О Владимире Набокове и его творчестве написаны горы книг — и по-английски, и по-русски. После крушения Советского Союза романы, повести, рассказы и стихи

Набокова пришли в Россию. Они издаются там и переиздаются. Классической биографией Набокова считается двухтомная, написанная Брайаном Бойдом — профессором Оклендского университета в Новой Зеландии. Этот труд отмечен многими литературными премиями и переведён на семь языков, в том числе и на русский. Есть, конечно, и другие биографии писателя. А вот муза Набокова, Вера, не заслужила подобного внимания. Конечно, каждый биограф Набокова пишет и о ней. Не может не писать. Но о ней рассказано только в одной книге. И это великолепная книга. Её написала американская журналистка Стейси Шифф. «Вера (Миссис Владимир Набоков)» — так назвала Шифф свою книгу, удостоенную Пулитцеровской премии. Эта книга переведена на русский. Она позволяет каждому ближе познакомиться с Верой — равным партнёром в творческом союзе Набоковых.

Мистер Геликоптер

Есть на Лонг-Айленде, в нескольких десятках миль к востоку от Нью-Йорка, городок Рузвельт, названный в честь президента Теодора Рузвельта. Это неплохое место для обитания. В нём живут такие знаменитости, как киноактёр Эдди Мёрфи, звезда баскетбола Джулиус Ирвинг, популярнейший радиошоумен Говард Стерн... Но это сегодня. А в 20-е годы прошлого века здесь были фермерские хозяйства. Одно из них принадлежало Виктору Утгофу.

Утгоф был одним из первых русских военных лётчиков. Он — герой Первой мировой войны. Был отмечен не только российскими наградами. Франция наградила его орденом Почётного легиона. Летом 1917 года Временное правительство отправило Утгофа в Соединённые Штаты в качестве военного консультанта при российском посольстве. После захвата власти в России большевиками он остался в Америке и купил ферму на Лонг-Айленде, в Рузвельте. В 1923 году судьба свела его с Игорем Сикорским, который подыскивал место для своей самолётостроительной фирмы.

Были ли знакомы до Америки Сикорский и Утгоф? Это пустой вопрос. В Российской империи не было более

Игорь Сикорский

известного в авиации человека, чем Сикорский. Его знал каждый русский лётчик.

Игорь Иванович Сикорский родился в Киеве в 1889 году в семье университетского профессора доктора медицины Ивана Сикорского, мировой знаменитости в области психиатрии, но он стал и печально знаменит. В 1913 году в Киеве расследовалось убийство 12-летнего мальчика, и в преступлении обвинили еврея Менахема Бейлиса. Власти попросили психиатра Сикорского помочь следствию, и он высказал предположение, что это было ритуальное убийство. Решение медицинского эксперта приняли на ура все черносотенцы. В России поднялась волна антисемитизма. Бейлиса оправдали, а профессор Сикорский заболел и уже больше не возвращался к преподаванию в университете. Его сыну-авиаконструктору было в это время 24 года, и он уже был в России специалистом номер один в области воздухоплавания.

Судите сами: в 1912 и 1913 годах в России были построены первый гидросамолёт, первый проданный за границу самолёт, первый серийный самолёт. И это всё благодаря Сикорскому. Три самолёта его конструкции победили на международных конкурсах военных аэропланов. И речь идёт об изобретателе, которому ещё не исполнилось 25 лет.

Интерес к воздухоплаванию у Сикорского был с детства. В дошкольные годы он услышал о проектах летательных аппаратов Леонардо да Винчи. Одной из его любимых книг был роман Жюль Верна «Робур-завоеватель». В этом романе гениальный изобретатель Робур сконструировал летательный аппарат, похожий на вертолёт. Американское общество аэронавтов — любителей путешествий на воздушных шарах — отрицало существование аппарата Робура. И тогда Робур похитил нескольких членов общества и совершил с ними кругосветное путешествие на своём аппарате «Альбатрос».

В 12 лет Сикорский построил первую летающую модель — игрушечный вертолёт. А в июне 1909 года 20-летний студент Киевского политехнического института Сикорский собрал во дворе своего киевского дома первый вертолёт. Однако подъёмная сила мотора оказалась недостаточной. Но уже в следующем году Сикорский построил вертолёт, который сумел поднять свой собственный вес. Тогда же он построил аэросани.

3 июня 1910 года Сикорскому удалось впервые подняться в воздух на летательном аппарате собственной конструкции. В 1911-м он собрал биплан, сдал на нём экзамен на звание пилота и установил четыре всероссийских рекорда. В том же году Сикорский построил несколько самолётов для друзей-студентов. В 1912-м самолёт Сикорского получил Большую золотую медаль Московской воздухоплавательной выставки, а Российское техническое общество наградило его Почётной медалью.

Итак, 1912 год. Сикорскому 23 года. Он ещё не закончил высшего учебного заведения, но получил сразу два предложения из Петербурга. Его пригласили на должность главного инженера военно-морской авиации и предложили должность конструктора только что созданного воздухоплавательного отделения акционерного общества «Русско-Балтийский Вагонный завод». Недоучившийся студент принял оба предложения. Однако через год он уволился с флотской службы и стал — по предложению председателя правления Балтийского завода Михаила Шидловского — главным конструктором. Благодаря поддержке Шидловского Сикорский конструирует не только лёгкие бипланы и монопланы. Созданные им самолёты-гиганты «Русский витязь» и «Илья Муромец» сделали его одним из самых известных людей в России и мировой знаменитостью.

История создания самолётов-гигантов такова. В 1911-м, во время испытательного полёта, Сикорскому пришлось совершить вынужденную посадку, и он чудом остался жив. Это заставило его задуматься о постройке многомоторных самолётов, которые оставались бы в воздухе, если один мотор вышел из строя. Большинство авиастроителей считали это нереальным. Но Шидловский поддержал идею Сикорского.

В марте 1913 года был построен первый в мире четырёхмоторный самолёт. Сикорский назвал его «Русский витязь». Мало кто верил в реальность такой идеи. Император Николай II решил взглянуть на него. Он пришёл в восторг, когда «Русский витязь» поднялся в воздух. И в этом же 1913-м Сикорский усовершенствовал своё детище и создал новый гигант — четырёхмоторный «Илья Муромец». В нём был пассажирский салон. В нём была ванная комната с туалетом. На Балтийском заводе началось серийное производство этих гигантов. Всего было построено 85 «Муромцев». Они приняли участие в Первой мировой войне как бомбардировщики. Начальником первого в мире соединения бомбардировщиков был генерал авиации Шидловский.

Летом 1917 года Балтийский завод практически остановился. Рабочие митинговали и бастовали. На других предприятиях начались расправы с инженерами и офицерами. Когда осенью власть захватили большевики, Сикорскому стало ясно: здесь он работать не сможет.

В 1979 году советский кинорежиссёр Даниил Храбровицкий смастерил фильм «Поэма о крыльях». Это картина об авиаконструкторах-ровесниках — советском Андрее Туполеве и Игоре Сикорском, американце украинского происхождения. О жизни того и другого. Но кинозрители не узнают, что Туполев в 1937 году был арестован по обвинению в шпионаже, саботаже и в помощи российской фашистской партии и провёл семь лет в тюрьме. Останься Сикорский в советской России, он, монархист, вряд ли дожил бы до 1937 года. Его старший друг Михаил Шидловский был расстрелян большевиками вместе со своим 18-летним сыном в августе 1918 года. Зрителям фильма «Поэма о крыльях» внушается, что был построен лишь один самолёт «Илья Муромец» и что после Второй мировой войны конструкторская деятельность Сикорского прекратилась. То и другое неправда.

Но вернёмся к Сикорскому. В 1918 году заканчивается первая глава его творческой жизни — российская. Начинается вторая: 29-летний Сикорский уезжает сначала во Францию, а затем в Америку. 30 марта 1919 года он прибыл в Нью-Йорк.

Америка была Меккой для изобретателей, инженеров и всех, кто умел и любил работать. Американской технике не было равных в мире. У Сикорского были широкие планы, но лишь 600 долларов наличности и никакой кредитной истории в американских банках. Да и английский следовало выучить. Но уже в 1923 году — через четыре года после приезда в Америку — он сколотил группу из бежавших от большевиков российских специалистов и основал *Sikorsky Manufacturing Company*. Располагалась она на Лонг-Айленде на ферме, которая, как мы уже знаем, принадлежала осевшему в Америке русскому лётчику Виктору Утгофу. Многие политические беженцы из России помогли Сикорскому основать свою компанию. Больше других помог Сергей Рахманинов. Он поддержал компанию Сикорского — выписал чек на 5 тысяч долларов — большие по тем временам деньги.

Если верить легенде, свой первый американский самолёт S-29-A Сикорский и его команда строили в курятнике. Букву «А» Сикорский добавил, подчёркивая тем самым, что самолёт построен в Америке. В его команде вместе с ним было 15 человек. Все — беженцы из советской России. В октябре 2012 года бюллетень *Sikorsky Archives News* напечатал на первой странице фотографию всей команды, вместе с Сикорским. Они построили двухмоторный биплан, вмещавший 14 пассажиров и развивавший скорость до 115 миль в час — до 185 километров. В 1924 году самолёт Сикорского совершил первый полёт — из Нью-Йорка в Вашингтон. На борту были пассажиры и два пианино. Одно — Рахманинова.

Первый коммерческий полёт самолёта S-29-A стал отличной рекламой компании Сикорского. Он помог ей обрести финансовую стабильность. Самолёт летал до 1928 года, когда его купил экстравагантный Говард Хьюз, у которого были два увлечения — самолёты и киноиндустрия. Хьюз воспользовался самолётом Сикорского в фильме «Ангелы ада» о войне в воздухе во время Первой мировой войны. Самолёт Сикорского играл роль немецкого бомбардировщика и эффектно взорвался в воздухе, будто бы сбитый американскими пилотами.

Вот лишь несколько человек из команды Сикорского, построившей самолёт S-29-A. Это Борис Лабенский и Николас Глад, — оба были выпускниками Военно-морской академии в Петрограде. Это Дмитрий Винер, ставший впоследствии одним из главных пилотов-испытателей в компании Сикорского. Вскоре после постройки самолёта S-29-A в компанию пришёл Михаил Глухарёв. Сикорский считал его одним из лучших авиационных инженеров в мире. В 30-е годы Глухарёв начал разработку стреловидного и треугольного крыла, опередив на 15–20 лет своё время... В компании Сикорского начался путь в американское авиастроение Михаила Ваттера и Ильи Ислямова, которые работали затем самостоятельно. Ислямов участвовал в создании баллистических ракет «Сатурн», «Полярис» и «Першинг».

Отвлечёмся на пару минут от Сикорского и его помощников-эмигрантов из России. Их всегда было много. В Америке раскрылись таланты русских авиационных специалистов, не связанных с компанией Сикорского. Самый известный из них — Александр Прокофьев-Северский, основавший в 1922 году фирму *Seversky Aero Corp*. Он был одним из самых известных лётчиков-асов в России. Участвовал в 57 воздушных боях, заслужил множество боевых наград. В 1915 году ему ампутировали правую ногу, и начальство скептически отнеслось к его намерению продолжать летать. После того как Северский поднялся вопреки запрету в воздух, его посадили на гауптвахту. Только вмешательство императора Николая II позволило Северскому продолжать полёты — и сбивать немецкие самолёты. Он приехал в Америку в качестве помощника русского военного атташе и после большевистского переворота остался в Соединённых Штатах. В основанной компании он был президентом, конструктором и лётчиком-испытателем. А главным инженером в его компании вскоре стал Александр Картвели, родившийся, как и Северский, в Тбилиси... Среди самолётов, построенных в компании Северского, тяжёлый истребитель *Thunderbolt*, отлично проявивший себя во Второй мировой войне. В 1942 году Северский написал книгу «Путь к победе — воздушная мощь» («*Victory Through Air Power*»). Соединённые Штаты, считал он, могут и должны быть лидерами в воздухе. Книга стала бестселлером.

Вернёмся к Игорю Сикорскому. В 1928 году он стал гражданином Соединённых Штатов, а в следующем году его компания переехала с Лонг-Айленда в Коннектикут — в Стратфорд — и с тех пор по сей день находится в этом городе. В том же 1929-м компания Сикорского стала частью корпорации *United Aircraft and Transport*, и в её составе существует и сегодня, теперь корпорация называется *United Technologies*. В 29 году в составе корпорации было пять компаний, и в трёх из них — в том числе и в компании Сикорского — большинством инженеров и рабочих были политические беженцы из бывшей Российской империи. Компанию Сикорского советская пресса называла не иначе как «авиационная белогвардейщина».

В 1929 году авиакомпания *Pan American*, родившаяся двумя годами ранее, заказала компании Сикорского многомоторные пассажирские самолёты. И уже в 1934 году созданные Сикорским «летающие лодки» — *flying boats* — начали совершать регулярные коммерческие полёты в Южную Америку. В том же году летающая лодка S-42 установила за один полёт восемь мировых рекордов. В частности, при взлётном весе 16,5 тонны S-42 поднялся до высоты 3500 футов (1067 м) со скоростью 1000 футов/мин. (305 м/мин.). При взлётном весе 17,5 тонны за 47 минут была достигнута высота 4715 метров, а в течение часа самолёт с полётным весом 15,2 тонны забрался на высоту 6224 метра! В кабине вместе с лётчиком-испытателем фирмы Сикорского Борисом Сергиевским находился Чарльз Линдберг — первый в истории пилот, совершивший одиночный перелёт через Атлантический океан. Линдберг оказался на борту самолёта Сикорского в качестве представителя заказчика — компании *Pan American*.

«Летающие лодки» S-42 связали Америку и Европу, летали в Азию, выполняя коммерческие рейсы. Этот самолёт покупали многие страны. Купил и Советский Союз. Советские люди увидели S-42 в фильме «Волга, Волга». Самолёт Сикорского символизировал в этой картине успехи социалистического самолётостроения.

S-42 стал последним самолётом, который построил Сикорский. Гигантская «летающая лодка» S-45 осталась только в проекте. Число заказов на самолёты такого типа стало сокращаться. Заканчивалась вторая глава творческой жизни Сикорского. Ему следовало перестраиваться. И третья — заключительная — глава его творческой жизни принесла изобретателю мировую известность. Он воплотил в жизнь детскую мечту. Стал строить вертолёты — летательные аппараты, взлетающие без разбега, и, стало быть, не требующие взлётно-посадочной полосы. Сикорский стал — и остаётся — признанным во всём мире «Мистером Геликоптером». Все американские президенты, начиная с Дуайта Эйзенхауэра, летают на вертолётах, построенных компанией Сикорского. Но не Сикорский построил первый в Америке вертолёт. Первенство принадлежит Георгию Ботезату — George de Bothezat, как знают его в Америке.

Ботезат родился в 1882 году в Санкт-Петрбурге. Он учился в Харьковском технологическом институте, затем в Бельгии — в Электротехническом институте Монтефо. Уже будучи инженером, Ботезат продолжил образование в Гёттингенском и Берлинском университетах. В 1910 году защитил в Париже в Сорбонне докторскую диссертацию на тему «Исследование устойчивости самолёта». В следующем году стал преподавателем курса воздухоплавания в Санкт-Петербургском политехническом институте.

В мае 1918 года Ботезат уехал из Советской России, ибо понял: при новом режиме нет возможности нормально работать. И уже в следующем месяце Ботезат стал работать в Америке. Здесь его знали, поскольку некоторые его научные труды публиковались на английском языке. Он начал читать лекции в Массачусетском технологическом институте и в Колумбийском университете.

В 1921 году командование американских ВВС предложило Ботезату заняться постройкой вертолёта, и в декабре 1922 года первый вертолёт американской армии поднялся в воздух. Это произошло на аэродроме имени братьев Райт в городе Дейтон, где жили братья Райт — создатели первого в мире самолёта. Вертолёт Ботезата назвали «летающим осьминогом». Его грузоподъёмность оставалась непревзойдённой до начала 40-х годов. Но в горизонтальном полёте он был недостаточно послушен пилоту. «Осьминога» следовало усовершенствовать. Однако военное ведомство решило, что время для серийного производства вертолётов ещё не наступило, и дальнейшие работы были прекращены.

После этого Ботезат основал собственную компанию по выпуску вентиляторов. Его фирма выиграла конкурс Военно-морского флота. Вслед за этим последовали заказы от частных компаний. Финансовый успех позволил Ботезату вернуться к постройке вертолётов. В 1936 году вместе с Борисом Сергиевским, который был ранее лётчиком-испытателем в компании Сикорского, Ботезат основал компанию *Air-Screw Research Syndicate*. Первый экспериментальный вертолёт этой компании был построен в 1938 году. Но спустя два года Ботезат скончался. Завершить работу не удалось.

Томас Эдисон назвал «летающий осьминог» первым успешным геликоптером. Это не противоречит истине. Но первый в мире серийный вертолёт построила в 1942 году компания *Sikorsky Aircraft* в Стратфорде. Это был двухместный вертолёт S-47 (R-4), единственный вертолёт, появившийся на фронтах Второй мировой войны. И с этого вертолёта началась всемирная слава Сикорского — «Мистера Геликоптера».

Почтовая служба США
чтит Игоря Сикорского

Компания Сикорского выпускала один за другим вертолёты S-51, S-52, S-55, S-56... Один лучше другого. А наилучший, созданный Сикорским, поднялся в воздух в 1954 году. Это был S-58. Он строился не только в Америке. И эта машина стала последней, которую сконструировал Сикорский. В 1958 году он вышел на пенсию, но продолжал активную жизнь. Сикорский оставался членом правления Толстовского фонда, который помогал беженцам из Советского Союза. Он поддерживал материально Русскую православную церковь в Америке. Он писал книги. Он стал почётным доктором многих университетов.

Игорь Сикорский умер 26 октября 1972 года в возрасте 83 лет. Похоронен в Стратфорде. Его именем назван мост через реку Хаусатоник, на берегу которой находится штаб-квартира компании *Sikorsky Aircraft*. А неподалёку от неё — аэропорт, названный в честь Сикорского. В Стратфорде туристов со всего мира принимает Национальный музей геликоптеров. Один из экспонатов — первый вертолёт Сикорского, прошедший испытания 14 сентября 1939 года.

В октябре 2011 года городской совет Киева назвал — по просьбе посольства США — одну из улиц города именем Сикорского. На этой улице посольство открыло свой новый офис.

Два друга: отец телевидения и крёстный отец телевидения

Дорогой читатель! Разрешите предположить: вы сейчас сидите перед экраном. Да, да, да, в данный момент вы смотрите телевизор. Правда, кто-то из вас смотрит передачу по компьютеру, кто-то — на смартфоне. Но то и другое — тоже телевидение. Мой вопрос: была ли бы перед вами телевизионная картинка, если бы не эмигранты из Российской империи Владимир Зворыкин и Давид Сарнофф? Наверняка была бы. Потому что в создание телевидения внесли свой вклад десятки учёных, инженеров, бизнесменов. Но именно Зворыкин и Сарнофф приблизили день и час, когда телевидение вошло в наши дома.

Владимира Зворыкина называют «отцом телевидения», Давида Сарноффа величают «крёстным отцом телевидения». Не было бы ребёнка — телевидения, не потребовался бы, разумеется, и крёстный отец. Роль родителя выше. Но велика и роль того, кто помог ребёнку выйти в люди.

Зворыкина и Сарноффа связывали десятилетия совместной работы в компании *RCA — Radio Corporation of America*. Когда Зворыкин достиг пенсионного возраста — 65 лет, то должен был, по правилам компании, уйти на пенсию. Его перевели в почётные вице-президенты, сохранив за ним рабочий кабинет в Принстонском университете, где с 1941 года у *RCA* размещалась лаборатория. Зворыкин продолжал исследовательскую работу. Провожая Зворыкина на пенсию, университет посвятил ему симпозиум «Тридцать лет прогресса в науке и технологии». Выступавшие говорили о вкладе Зворыкина в различные области науки. Последним на симпозиуме выступил Сарнофф. Он сказал:

«Я не буду перечислять список достижений профессора Зворыкина в области науки и технологии. Я скажу несколько слов о моём друге и коллеге Владимире Зворыкине как о человеке... Прежде всего он — человек-мечтатель... Все настоящие прагматики на самом деле мечтатели. Но мечтатели не абстрактные, а ощущающие свою мечту в реалиях задолго до того, как эта мечта станет действительной реальностью. Именно таков профессор Зворыкин. Мало придумать рецепт вкусного пирога под названием «телевидение» или «электронный микроскоп». Надо убедить людей задолго до того, как пирог испекут, что он будет вкусен... Владимир Зворыкин не только мечтатель, но и мыслитель. И его мысли порой опережают его мечты... Кроме того, Владимир Зворыкин — трудяга. И предпочитает делать, а не говорить. Мне редко приходилось слышать, чтобы он вспоминал, что было вчера или сегодня, даже если это было успешным. Он говорит только о том, что предстоит сделать завтра или послезавтра...»

Так говорил Сарнофф, привезённый в Америку девятилетним ребёнком, на чествовании Зворыкина, приехавшем в Соединённые Штаты, чтобы остаться здесь навсегда, уже сложившимся 31-летним человеком. Судьбе было угодно, чтобы пути Зворыкина и Сарноффа пересеклись. Но вряд ли в радиотелевизионном мире было два более разных человека. Один родился в богатой купеческой семье в старинном российском городе Муроме. Второй — в еврейском местечке Узляны в Минской губернии. Первый почти наверняка остался бы в России, если бы к власти не пришли большевики. Семья второго бежала в Америку от еврейских погромов задолго до захвата власти большевиками... Познакомимся сначала с первым — Владимиром Козьмичом Зворыкиным.

Да, отца Зворыкина действительно звали не Кузьма, а Козьма. «Он был представителем богатого купеческого рода», — вспоминал много лет спустя Зворыкин. Козьма Зворыкин был не просто богатым, он был очень богатым, самым богатым в Муроме. Муром — один из старейших русских городов, уже существовал в 864 году. Для сравнения: Москва была основана в 1147, то есть почти через три столетия. Согласно легендам, в Муроме родился богатырь Илья, прозванный Муромцем. А то, что это старый купеческий город, так это уже не легенда, а быль... Вспомните песню: «Едут с товарами тройками-парами Муромским лесом купцы...» Так вот, Козьма Зворыкин был купцом.

Козьма торговал зерном, владел пароходством на Оке, был директором банка... Дом, в котором родился в 1888 году «отец телевидения», был самым большим в городе. Ныне в доме Зворыкиных находится городской музей. Жилым в этом трёхэтажном доме был только второй этаж. Но дети Козьмы играли в прятки во всём доме. А было у него два сына и пять дочерей. Необходимо заметить: Козьма Зворыкин был не только бизнесменом. Он состоял в попечительском совете городской библиотеки,

Владимир Зворыкин

депутатствовал в городской Думе, однажды был выбран главой городской администрации.

Учился Владимир Зворыкин в реальном училище. Любимыми предметами были гимнастика, естественные науки и физика. В 1905 году за ним закрепилась в городе репутация «эксперта по электричеству». В Муроме пошла мода на дверные электрические звонки. И 17-летний Владимир взялся за их установку в домах родственников и знакомых. Тогда же он отремонтировал сигнальную систему на принадлежавшем отцу пассажирском пароходе.

В 1906 году выпускник Муромского реального училища отличник Зворыкин приехал в Санкт-Петербург поступать в Технологический институт. Он сдал вступительные экзамены, но суммарный балл оказался недостаточным. В приёме ему отказали, но вот на физический факультет университета он был принят благодаря оценкам в школьном аттестате зрелости. Однако отец Зворыкина считал, что сын должен учиться не в университете, а в техническом институте. Козьма приехал в Санкт-Петербург определить место учёбы сына. Его всероссийской известности оказалось достаточно, чтобы сына приняли в Технологический институт. Но ещё не дожидаясь решения институтского начальства, отец заказал сыну форму студента-технолога.

Любимой лабораторией Зворыкина стала физическая, руководителем которой был профессор Борис Розинг. Однажды профессор уличил студента: выполняет работы за своих однокурсников. Вместо выговора Розинг предложил Зворыкину принять участие в его исследованиях. Занимался же он вопросами телевидения, о котором студент раньше ничего не слыхал. «Вот так, — писал Зворыкин в мемуарах, — я познакомился с проблемой, которая захватила меня на протяжении большей части жизни... В последующие два года я проводил своё свободное время в основном в лаборатории Розинга».

Борис Львович Розинг стоял у истоков телевидения. Он изобрёл первый механизм воспроизведения телевизионного изображения, использовав систему развёртки (построчной передачи) в передающем приборе и электронную трубку в приёмном аппарате. Его судьба трагична. В 1931 году советская власть обвинила Розинга в «финансовой помощи контрреволюционерам», и он был сослан в город Котлас. Розинг умер в Архангельске в 1933 году в возрасте 63 лет. Но в начале XX века профессор Санкт-Петербургского технологического института Розинг был увлечён своей работой, и когда его любимый ученик с отличием закончил институт, предложил ему продолжить учёбу у своего французского коллеги Поля Ланжевена. Зворыкин поехал в Париж, затем он учился в Берлине. Здесь его застала мировая война.

Пять лет жизни Зворыкина — с 1914 по 1919 — это тема для захватывающего приключенческого романа, по которому может быть снят не менее захватывающий фильм. И если «Индиана Джонс» — это выдумка от А до Я, то история Зворыкина — это явь. Он участвует в войне. Вскоре после большевистского переворота попадает в Петрограде под революционный трибунал, и ему грозит расстрел. Затем в Екатеринбурге оказывается в чекистской тюрьме. Он добирается до Омска, где находится Временное Сибирское правительство, и по его заданию отправляется в Америку. Сначала пароходом по Иртышу и Оби, затем северным морским путём в Архангельск, оттуда в Копенгаген, а уж из Копенгагена в Лондон и в Нью-Йорк... Выполнив в Нью-Йорке поручения, Зворыкин решает вернуться в Россию. Ну не безумец ли! «Найти работу в Нью-Йорке по моей профессии без знания английского языка было практически невозможно», — читаем мы у Зворыкина. Он отправляется в обратный путь по маршруту Нью-Йорк — Сиэтл — Йокогама — Владивосток, а далее через Харбин в Омск... В России бушует Гражданская война. Хаос повсеместный. Ни о какой инженерной работе не может быть и речи, и Зворыкин принимает решение вернуться в Соединённые Штаты.

В 1919 году 31-летний Зворыкин приехал Америку и, как выяснилось, навсегда. Сначала он работал в Нью-Йорке оператором механических счётных машин. Работал, учил английский и искал работу инженера. И нашёл её. Компания *Westinghouse* в Питтсбурге предложила Зворыкину место в исследовательской лаборатории. Он приехал в Питтсбург, посмотрел лабораторию и без колебаний согласился с предложением, хотя зарплата была вдвое ниже нью-йоркской.

Зворыкин был не первым русским в компании *Westinghouse*. Здесь уже работали несколько беженцев из большевистской России. Самым известным был радиоинженер Илья Муромцев. Во время Первой мировой войны он осуществил первую связь по радио между Петроградом и Парижем и был награждён за это французским орденом Почётного легиона. Муромцев приехал в США в 1917 году в составе закупочной комиссии. После большевистского переворота он остался в Америке, стал работать в компании Westinghouse и задержался в ней на 23 года. С 1947 года и до смерти в 1954-м он был профессором физики в Упсала-колледж (штат Нью-Джерси). А в 1923 году, когда Зворыкин уже работал в *Westinghouse*, в компанию пришёл Степан Тимошенко, которого называют «отцом строительной механики и теории упругости». После нескольких лет в этой компании он стал профессором Университета Мичигана, а затем профессором Стэнфордского университета. Он был также почётным профессором в университетах Цюриха, Мюнхена, Глазго, Болоньи и Турина...

В *Westinghouse* Зворыкин сделал несколько исторических изобретений. Здесь он практически в одиночку собрал полностью электронную телевизионную систему. Передающую трубку Зворыкин назвал «иконскоп»: от греческих слов «икон» — картина и «скоп» — видеть. Приёмную трубку окрестил «кинескопом» — «кинео» значит двигаться.

«Родилось новое телевидение, однако будущее младенца было неясным», — читаем мы в мемуарах Зворыкина. Оно стало ясным, когда в конце 1928 года «отец телевидения» встретил в Нью-Йорке Давида Сарноффа.

Родители Сарноффа эмигрировали в Америку в 1900 году с дочерью и тремя сыновьями, когда Давиду, одному из троих, было девять лет. Он поступил учиться

Давид Сарнофф

в «Учебный союз» — *Educational Alliance* — школу в Нижнем Манхэттене, основанную в 1889 году еврейскими организациями Нью-Йорка для помощи евреям-иммигрантам из Восточной Европы. Днём Сарнофф учился в школе, по утрам и вечерам продавал газеты. В 1906 году отец Давида тяжело заболел, и 15-летний парень пошёл работать. Он устроился работать в телеграфную компанию *Commercial Cable* и, наверное, остался бы в ней на долгие годы, однако непосредственный начальник Сарноффа отказался предоставить ему выходной день в Рош-Ашана, и Давид хлопнул дверью. 30 сентября 1906 года он стал работать в компании *Marconi Wireless Telegraph*, и с этого началась его 60-летняя карьера в средствах связи — беспроволочном телеграфе, радио и телевидении.

В течение 13 лет — с 1906 по 1919 — Сарнофф поднимался по служебной лестнице и стал коммерческим менеджером компании. В 1912 году он оказался во главе группы из двух операторов-радистов, принявших сигнал SOS с «Титаника» и в течение трёх дней получавших информацию о спасении пассажиров. После Сарнофф рассказывал, что был единственным оператором. Это не соответствовало действительности. А вот признанный факт: Сарнофф стал первым, кто осознал, каким станет будущее радио.

В 1919 году компания «Маркони» стала собственностью вновь созданной компании *RCA*. В 1921 году, игнорируя мнение начальства, Сарнофф организовал радиорепортаж с матча боксёров-тяжеловесов Джека Демпси и Жоржа Карпантье. Репортаж слышали 300 тысяч. И сразу же вслед за этим репортажем начался бум в продаже радио. Деловые акции Сарноффа подскочили до небес. В 1926 году *RCA* основала *National Broadcasting Company (NBC)* — первую в Америке общенациональную радиосеть. Вскоре Сарнофф стал президентом *RCA* и начал подумывать о создании общеамериканской телевизионной сети. В это время он и встретился со Зворыкиным. В лице Сарноффа, вспоминал Зворыкин, «я нашёл ещё одного фанатика телевидения».

Зворыкин и Сарнофф не раз вспоминали свою первую встречу, а в 1957 году увековечили её в кинохронике. Сарнофф вспомнил, что на вопрос, во сколько обойдётся запуск телевидения, Зворыкин ответил: сто тысяч долларов. «Да, я попросил что-то вроде ста тысяч...» «Для *RCA* это стоило более пятидесяти миллионов — чтобы запустить, внедрить и развить первую в Америке систему электронного телевидения», — сказал Сарнофф.

В кинохронике 1957 года Сарнофф держит в руках кинескоп Зворыкина. «Каким великим изобретением это с тех пор стало. Оно определило судьбу», — говорит Сарнофф. «Так точно, генерал!» — соглашается Зворыкин.

Сарнофф — генерал?.. Да, во время Второй мировой войны ему было присвоено звание бригадного генерала, и в конце войны генерал Сарнофф помог своему другу

Зворыкину избежать неприятностей, поскольку Зворыкина заподозрили... в шпионаже в пользу Советского Союза. Об этом рассказ впереди.

В конце 1920-х — начале 30-х годов Сарнофф взялся за внедрение телевизионных изобретений Зворыкина, который продолжал свою исследовательскую работу. Сарнофф расширял рынки сбыта для RCA. Компания занялась поставками радиооборудования Советскому Союзу ещё до установления в 1933 году американо-советских дипломатических отношений. Первый в СССР телецентр в Москве — на улице Шаболовка — был оснащён американской аппаратурой. А вскоре после установления отношений между Соединёнными Штатами и Советским Союзом Зворыкина пригласили в Москву выступить с лекциями по телевидению.

Принимать приглашение или нет? Государственный департамент не возражал против поездок американских граждан в СССР, но предупреждал: защита граждан США не распространяется на лиц, приезжающих в страну их рождения. Зворыкин отправился за советом к Сарноффу. Как руководитель RCA, Сарнофф считал, что поездка Зворыкина принесёт пользу компании. Но он сказал Зворыкину, что тот должен сам принимать решение.

Зворыкин был в известной степени авантюристом, как, впрочем, и многие изобретатели, которые занимаются чем-то ещё неведомым. Вспомним его странствия в 1918 и 1919 годах, его решение вернуться из Америки в раздираемую Гражданской войной Россию. И он решил рискнуть — отправился в Советский Союз в 1933 году. Это была первая из многих его поездок в СССР в 30-е годы. Да и в послевоенные годы он не раз посещал Советский Союз и даже побывал на родине — в Муроме, хотя этот город был закрыт для иностранцев. Да, конечно, Зворыкин был авантюристом. Кстати, в год его первого посещения Советского Союза был арестован его институтский учитель Розинг...

Давид Сарнофф провозгласил начало новой телевизионной эры 30 апреля 1939 года на Всемирной выставке в Москве. К этому времени в Америке было проведено уже много телепередач. Первая в 1931 году — с передатчика, установленного на только что построенном в Нью-Йорке небоскрёбе Эмпайр-стейт-билдинг. А в 1939 году у Сарноффа были основания провозгласить начало новой эры — создание общенациональной телесети.

Вскоре после начала Второй мировой войны исследования в лаборатории Зворыкина приняли военный характер. Была, например, решена проблема видения в темноте. Во время испытаний системы управления автомобилем без фар Зворыкина и его помощников не раз останавливала дорожная полиция. Система управления танками ночью была продемонстрирована генералу Джорджу Паттону. Военно-воздушные силы заинтересовались телевизионной наводкой бомб на цель. Зворыкина назначили членом Консультативного комитета ВВС. А в 1943 году его избрали в Национальную академию наук США. В это же время ему предложили стать членом Национального совета американо-советской дружбы. Зворыкин согласился, и это послужило поводом для неприятностей, которых он никак не ожидал.

7 апреля 1943 года в Федеральное Бюро Расследований поступила информация: Зворыкин, имеющий высшую форму секретного допуска, является членом Националь-

ного совета американо-советской дружбы, и он обратился к Эрнесту Орландо Лоуренсу, профессору Университета Калифорнии, с просьбой составить список книг, полезных для исследований в военных областях. Просьба Зворыкина привлекла внимание ФБР, поскольку профессор Лоуренс был вовлечён в проект по созданию атомной бомбы. За домом Зворыкина в Принстоне и его летней дачей у озера Тонтон в Коннектикуте была установлена слежка. 27 ноября 1944 года директор ФБР Эдгар Гувер поставил в известность министра юстиции Фрэнсиса Биддла о расследовании коммунистического проникновения в США, и в числе подозреваемых был назван Зворыкин. ФБР попросило Государственный департамент поставить Бюро в известность, если Зворыкин обратится за паспортом для поездки за границу.

В начале 1945 года Зворыкина включили в группу специалистов, которых собирались после разгрома нацистов отправить в Германию для изучения немецких технических достижений. Но когда эта группа вылетела в Европу, Зворыкина в ней не было. Ему не выдали паспорта...

Под угрозой оказалась и дальнейшая работа Зворыкина в *RCA*. Вот здесь-то на помощь ему и пришёл генерал Сарнофф. Его личное вмешательство привело к тому, что ФБР закрыло «дело Зворыкина».

Зворыкин считал, что на него свалились неприятности только потому, что он — русский. Зворыкин ошибался. Его русское происхождение не влияло на расследование ФБР. Дело в том, что Зворыкин входил в Национальный совет американо-советской дружбы, членами которого были, в частности, Элеонора Рузвельт (супруга президента Франклина Делано Рузвельта) и Генри Уоллес, вице-президент в третьей администрации Рузвельта. Этот Совет находился в списке подрывных организаций. Зворыкин, учёный и изобретатель, был далёк от политики. В 1947 году он порвал с просоветской организацией, о чём уведомил её письменно.

Вернусь, с чего начал — с выступления Давида Сарноффа на чествовании Владимира Зворыкина в Принстоне в 1954 году. «*Учёному недостаточно заложенного в нём природой таланта, — говорил Сарнофф. — Идеи могут развиваться, лишь попав на благоприятную почву. Уверен, что профессор Зворыкин и его коллеги (особенно те, с кем он когда-то начинал работать по другую сторону океана) не станут это оспаривать. Ведь при всей их гениальности они были лишены возможности реализовать себя на родине. Только в Америке идеи Зворыкина нашли своё воплощение... Американская почва оказалась необычайно плодотворной для зёрен зворыкинского гения...*»

Владимир Козьмич Зворыкин скончался 29 июля 1982 года в возрасте 94 лет. Тело было кремировано, и прах развеян неподалёку от его дачи над любимым им озером Тонтон. В 2010 году кинорежиссёр Леонид Парфёнов снял фильм «Зворыкин Муромец» об отце телевидения. Он по существу открыл россиянам имя отца телевидения. До этого на родине Зворыкина о нём знали лишь единицы, хотя его имя не замалчивалось даже в советское время. О нём есть заметка в Большой советской энциклопедии, изданной при Сталине.

Давид Сарнофф вышел на пенсию в 1970 году в возрасте 79 лет и умер на следующий год. Он похоронен в мавзолее на кладбище Кенсико в нью-йоркском пригороде Маунт-Плезант.

Химики в почёте

Американская химия богата учёными мирового уровня. Среди них — три эмигранта из России: Владимир Николаевич Ипатьев — один из основателей нефтехимии в США, член Национальной академии наук, лауреат высшей награды для американских химиков — золотой медали Гиббса;

Иван Иванович Остромысленский — один из пионеров в области производства искусственного каучука, один из пяти первых учёных, увековеченных в Пантеоне славы науки о полимерах;

Георгий (Джордж) Кистяковский — участник Манхэттенского проекта, член Комитета по атомной энергии при Национальной академии наук, специальный советник президента Дуайта Эйзенхауэра по науке и технике.

* * *

«Дорогая, посмотри на Мать Россию! Больше ты никогда её не увидишь, — сказал жене Владимир Ипатьев в тот день, когда они готовились к поездке в Берлин на Международный энергетический конгресс. — И, — добавил он, — возьми с собой несколько ювелирных безделушек». — «Для чего?» — удивилась жена. «На случай, если нам доведётся танцевать», — ответил муж.

Шёл 1930 год. Директора Института высоких давлений профессора Ипатьева включили в состав советской делегации на конгресс в Берлине. Оргкомитет конгресса передал через полпредство СССР персональное приглашение Ипатьеву. Он поставил условие: «Поеду, но только с женой». Готовясь к отъезду, Ипатьев знал: в Советский Союз не вернётся. Он понимал: на родине его не ждёт ничего хорошего. К этому времени в Москве уж завершился судебный процесс по делу Промпартии, были арестованы более двухсот инженеров, обвинённых во вредительской деятельности, в их числе его коллеги и друзья. И добольшевистское прошлое Ипатьева не сулило ему ничего хорошего: он был генерал-лейтенантом Русской императорской армии. Правда. Ленин публично назвал его «главой нашей химической промышленности». Но Ипатьев не сомневался: похвала вождя его не спасёт. В возрасте 63 лет он стал невозвращенцем.

Вот краткая биография Ипатьева в изложении Википедии:

Родился в Москве 9 ноября 1867 года... Учился в московской Военной гимназии... Затем в Пехотном военном училище... Окончил в 1887 году Михайловское артиллерийское училище и был оставлен в нём помощником заведующего химической лабораторией... Работал на кафедре органической химии в Санкт-Петербургском университете... В 1895 году защитил диссертацию, за которую Русское физико-химическое общество присудило ему премию... В 1896–97 годах работал в Мюнхене и Париже... В 1899 году защитил докторскую диссертацию... С 1902 года преподавал в Санкт-Петербургском университете курс термохимии, занимался научно-исследовательской работой, одним из первых синтезировал изопрен и полиэтилен... В 1911 году присвоено звание генерал-майора... С 1914-го — член-корреспондент Императорской академии наук, один из ведущих специалистов по нефтепереработке... В 1914 году, с началом Мировой войны, возглавил комиссию Главного артиллерийского управления, направленную в Донбасс для определения возможности производства бензола и толуола... Перед большевистским переворотом был генерал-лейтенантом и действительным членом Императорской академии наук.

Завершилась первая часть жизни Ипатьева, начиналась вторая — при новом режиме.

Естественен вопрос: почему Ипатьев не уехал за границу — по примеру тысяч и тысяч россиян, не желавших жить под большевиками? Этот вопрос ему задавали неоднократно. Он отвечал: «Я учёный-химик, а не политик». Вскоре после захвата власти большевиками с Ипатьевым встретился Лев Карпов — с 1915 года директор крупнейшего в России завода химической промышленности (ныне — Химический завод имени Карпова в Татарстане). Он предложил Ипатьеву работу в химическом комитете нового правительства. В отличие от Ипатьева, Карпов был не только химиком, но и политиком-революционером. Он был членом «Союза борьбы за освобождение рабочего класса», членом Российской социал-демократической рабочей партии с 1898 года — года её основания, членом ЦК этой партии на ранней стадии её существования. В 1918 году он стал членом Президиума Высшего совета народного хозяйства (ВСНХ). Химик-политик Карпов гарантировал Ипатьеву полную свободу в подборе кадров и в научной деятельности. Он сдержал слово, и Ипатьев окунулся с головой в работу. После смерти Карпова в 1921 году он становится членом президиума ВСНХ и членом Госплана. По его предложению были созданы Институт прикладной химии и Химико-фармацевтический инсти-

*Владимир Ипатьев —
офицер Царской армии*

тут, несколько исследовательских центров. Но жизнь не была безоблачной. Основанное Карповым Главное химическое управление было ликвидировано, начались преследования учёных и инженеров. Одних обвиняли в контрреволюционной деятельности, других — в шпионаже. В 1929 году арестовали профессора Московского университета Евгения Шпитальского — ученика и коллегу Ипатьева. Владимир Николаевич осознал: может пробить и его час.

В 1930 году началась третья — и последняя — часть жизни Ипатьева, зарубежная. Началась в 63 года. В Америку он приехал в 1932 году в возрасте, близком к пенсионному — 65-летним. Но был полон сил и планов. Следовало лишь овладеть английским. Американские химики хорошо знали, кто такой Ипатьев. Его услугами интересовались университеты и частные компании. Вскоре после приезда Ипатьев стал профессором и возглавил лабораторию в Университете Нортвестерн — в чикагском пригороде Эванстон, а также возглавил исследовательский отдел в компании «Юниверсал Ойл».

Занимаясь исследовательской работой в Америке, Ипатьев получил более 200 патентов. Вот только два: каталитический крекинг и высокооктановый бензин.

Открытие каталитического крекинга позволило многократно увеличить вывод бензина при переработке нефти. Это открытие также позволило синтезировать этилен и пропилен. Высокооктановый бензин дал британским самолётам преимущество в боях с фашистской авиацией в то время, когда Британия сражалась с гитлеровской Германией один на один.

Нынешний мир невозможно представить без полимеров и пластмасс. Их дал — сначала Америке, а затем всему миру — Владимир Ипатьев.

Ипатьев скончался в 1952 году в возрасте 85 лет. Раз в три года Американское химическое общество присуждает молодым учёным Ипатьевскую премию за открытия и исследования в области химии.

Американский нефтехимик Фрэнк Уитмор сказал, что «Россия дала миру трёх выдающихся химиков — Ломоносова, Менделеева и Ипатьева». Вряд ли следует оспаривать мнение Уитмора — автора монографии «Органическая химия», учебного пособия в университетах многих стран.

* * *

Иван Иванович Остромысленский, химик-органик и химик-фармацевт, не дожил до 59 лет. Проживи он дольше, наверняка стал бы лауреатом Нобелевской премии. О научных достижениях Остромысленского свидетельствует такой факт: Высшая техническая школа в немецком городе Карлсруэ, где он учился, обнародовала список выпускников, которыми гордится. Остромысленский поставлен рядом с Карлом Фридрихом Бенцем, одним из пионеров автомобилестроения, и Эдвардом Теллером, главным создателем американской водородной бомбы.

Остромысленский родился в 1880 году в Орле в семье потомственного дворянина. Он учился во 2-м Московском кадетском корпусе, затем в Московском техническом училище и, закончив его в 1902 году, поехал в Карлсруэ продолжать образование. В то время учёба в лучших европейских университетах была обычным делом для талантливых россиян. Владимир Зворыкин, пионер телевидения и один из героев этой книги, учился в Париже и в Берлине.

Остромысленский изучал в Карлсруэ физическую и органическую химию. Вернувшись в 1906 году в Россию, он был принят на работу в Московский университет. А в 1909 ему присвоили звание приват-доцента, и он стал сотрудничать с профессором Московского технического училища Львом Чугаевым, который возглавлял лабораторию органической и общей химии. В этой лаборатории Остромысленский и начал проводить работы по созданию бутадиена — искусственного каучука. К этому времени 29-летний Остромысленский был уже достаточно известным спе-

Иван Остромыслинский

циалистом. Его первые публикации появились ещё в 1905 году, когда он учился в Карлсруэ. Ему принадлежат в общей сложности 20 патентов по производству искусственного каучука.

В 1913 году в свет вышла книга Остромысленского «Каучук и его аналоги». Это было первое в России написанное россиянином учебное пособие по химии и технологии каучука. В этом же году 33-летний Остромысленский открыл собственную фирму.

Сфера интересов химика Остромысленского не ограничивалась каучуком. В 1918 году он опубликовал очерк «Сон у человека и животных», в котором рассматривал сон как процесс самоотравления неким «гипнотоксионом», укорачивающим продолжительность жизни.

В первые годы большевистской власти Остромысленский руководил в Москве лабораторией в Научном химико-фармацевтическом институте. Вскоре осознал: при обсуждении стоявших перед страной проблем не следует высказываться откровенно. Но будучи человеком открытым, он к этому не мог привыкнуть. В октябре 1921 года Остромысленский переехал в Ригу и возглавил кафедру органической химии в университете. Прожил он в демократической Латвии чуть дольше шести месяцев. В мае 1922 года принял приглашение американской *Rubber Company* и переехал в Нью-Йорк. Ему был 41 год.

Работая в России, Остромысленский отправлял заявки на патенты в разные страны, в том числе и в США. В начале 20-х годов у него уже было несколько патентов. Вскоре после приезда в Америку он открыл лабораторию по изучению и созданию лекарств для лечения проказы и продолжал исследования в различных областях — от получения полимеров до медицинской химии.

В Нью-Йорке Остромысленский стал неотъемлемой частью культурной среды эмигрантов из России, был в числе учредителей Русской академической группы, входил в Общество российских врачей Нью-Йорка. Его хорошо знали писатели, художники, музыканты. Он был своим в обществе Фёдора Шаляпина и Сергея Рахманинова. Когда в 1923 году в Нью-Йорке гастролировал Московский Художественный театр, Остромысленского приглашали на все застолья с участием артистов.

В 1930 году Остромысленский получил американское гражданство. Он умер в 1939-м.

В 1988 году в Университете Акрон, штат Огайо, был основан Международный зал славы учёных-химиков, и Остромысленский был в числе первых пяти учёных, увековеченных в этом зале.

* * *

Георгий Богданович Кистяковский, ставший в Америке Джорджем Кистяковским, единственный в истории эмигрант из Советского Союза, который был в числе ближайших советников американских президентов. Он был специальным советником президента Дуайта Эйзенхауэра по науке и технике и играл важную роль в переговорах с Советским Союзом о контроле над ядерным оружием. Когда в 1961 году на смену Эйзенхауэру пришёл Джон Кеннеди, советник нового президента по вопросам национальной безопасности Макджордж Банди счёл необходимым прибегнуть к услугам Кистяковского в разработке планов развития стратегической авиации. Кистяковский не случайно оказался советником американских президентов.

Георгий Кистяковский приехал в Америку в 1926 году в 26-летнем возрасте. Он родился в Киеве в семье профессора права Киевского университета Богдана Кистяковского. Частную гимназию заканчивал в Москве, и едва закончил, как старая Россия рухнула. Кистяковский вступил добровольцем в Белую армию и воевал до осени 1920 года. После поражения он уехал в Турцию, затем в Югославию, после чего попал в Берлин. За пять лет Кистяковский закончил Берлинский университет и защитил диссертацию в области физической химии. Диссертация попалась на глаза профессору Принстонского университета Хью Скотту Тэйлору, и он предложил Кистяковскому стипендию для участия в научных исследованиях. В Принстоне Кистяковский занимался исследованиями в области фотохимии, и в 1928 году в свет вышла его книга «Фотохимические процессы». Книга принесла ему известность и приглашение в 1930 году в Гарвардский университет. С этим университетом была связана вся его последующая жизнь.

Кистяковский полагал, что приехал в Америку лишь на несколько лет, но остался навсегда. В 1933-м году принял американское гражданство. В Гарварде преподавал и занимался исследованиями в термодинамике и химической кинетике. Со вступлением США во Вторую мировую войну работал в государственных организациях и занимался исключительно военными проблемами. Принимал, в частности, деятельное участие в Манхэттенском проекте — создании атомной бомбы. 16 июля 1945 года был в группе наблюдателей испытания плутониевой бомбы, и этот взрыв считают

*Джордж Кистяковский
с президентом Дуайтом Эйзенхауэром*

началом ядерной эпохи. 9 августа бомба такого типа была сброшена на Нагасаки.

Закончилась война, Кистяковский вернулся в Гарвардский университет. Он заведовал кафедрой химии, вёл исследовательскую работу, читал лекции. И продолжал участвовать в работе правительственных учреждений, в частности в НАСА — Национальном управлении по аэронавтике и космическому пространству. Кистяковский был членом консультативного комитета министерства обороны по баллистическим ракетам. В 1958 году в составе делегации Соединённых Штатов он приезжал в Женеву на переговоры с Советским Союзом. В следующем году он стал помощником президента Эйзенхауэра по науке и технике.

В 1976 году Кистяковский написал книгу «Учёный в Белом доме». К этому времени он уже был активным участником движения за запрещение ядерного оружия... Связи с министерством обороны он порвал ещё раньше — в 1968 году — в знак протеста против войны во Вьетнаме.

Кистяковский был награждён многими правительственными наградами. В их числе «Президентской медалью Свободы». Получил её в 1961 году из рук президента Кеннеди. Кистяковский умер в 1982 году.

Дочь Кистяковского, Вера, специалист в экспериментальной физике и астрофизике, стала в 1972 году первой в истории женщиной-профессором в Массачусетском технологическом институте — одном из лучших технических вузов в мире. Она скончалась в 2021 году.

Нобелиаты-экономисты

Нобелевскую премию по экономике учредили только в 1969 году — много позднее всех остальных, ведущих отсчёт с 1901 года. Третьим нобелиатом-экономистом стал в 1971 году американец Саймон Кузнец, пятым в 1973 году — американец Василий Леонтьев. Тот и другой были эмигрантами из Советского Союза.

* * *

Полагаю, что большинство читателей знают, что такое валовой внутренний продукт — ВВП, по-английски — *Gross Domestic Product — GDP*. Это показатель, отражающий рыночную стоимость всех производимых в стране товаров и услуг. Рост ВВП — *GDP* — свидетельствует о росте экономики. Если этот показатель снижается, значит, с экономикой не всё в порядке. Термин ВВП принят сегодня повсеместно — во всех странах. Но до 1934 года такого понятия, как валовой внутренний продукт, не существовало. Впервые его предложил Саймон Кузнец.

Кузнец стал Саймоном в Америке. При рождении его назвали Семёном. Родился Семён Абрамович Кузнец в 1901 году в городе Пинске. Ныне это Беларусь. Семья была смешанной: по отцовской линии — еврейской, по материнской — русской. В семье говорили как на идише, так и по-русски.

Как только в 1914 году началась Мировая война, которую в то время никто не называл Первой, евреев выселили из прифронтовой зоны, и 13-летний Семён оказался вместе с семьёй в Харькове. Два года он учился в реальном училище, затем поступил в Харьковский коммерческий институт. В 1920 году Кузнец сделал первый шаг в экономике — начал работать в отделе статистики местного отделения профсоюзов. В следующем году он опубликовал свою первую статью. Она называлась «Зарплата рабочих и служащих фабрично-заводской промышленности города Харькова в 1920 году». В 1921 году Советская Россия подписала договор с Польшей — новым государством в Европе. Согласно этому договору, все родившиеся на территории Польши могли получить польское гражданство.

Сергей Кузнец принимает Нобелевскую премию

Пинск, где родился Кузнец, стал польским городом, и вся семья без промедления покинула страну большевиков. В 1922 году Семён и его старший брат Соломон уехали в Америку, где в это время уже жил их отец. Братья поступили в Нью-Йорке в Колумбийский университет — сразу на четвёртый курс. В 1923 году Семён Кузнец получил степень бакалавра, в 1924-м — степень магистра, в 1926-м защитил докторскую диссертацию о цикличности колебаний цен в розничной и оптовой торговле. Диссертация была опубликована с предисловием профессора Уэсли Митчелла, который был научным руководителем аспиранта Кузнеца и которого Кузнец не раз называл своим главным — и единственным — учителем в экономике.

В начале XX века экономики как науки не существовало. Экономисты, конечно, были с давних пор. Достаточно вспомнить Адама Смита. Но они обычно не прибегали к каким-либо математическим расчётам. Это была не столько экономика, сколько философия. Экономическая наука — как мы понимаем её сегодня — зародилась в первые десятилетия XX века. Не случайно, конечно, Нобелевскую премию по экономике стали присуждать только в 1969 году, в то время как по физике и химии — в 1901-м.

Уэсли Митчелла — учителя Кузнеца в Колумбийском университете — можно причислить к тем экономистам, которые превратили экономику в науку. Написанная им в 1927 году книга «Экономические циклы» стала первой работой, объясняющей чередование подъёмов и спадов в экономике. В 1930 году ученик Митчелла — Кузнец — развил эту тему, и в экономике появился термин *Kuznets Cycle* — «циклы Кузнеца»; по-русски иногда говорят «ритмы Кузнеца». Кузнец связал экономические циклы с демографическими процессами, в том числе с притоком в страну иммигрантов.

В 1920 году правительство США создало Национальное бюро экономических исследований. Бюро возглавил Уэсли Митчелл. В 1927 году его главным помощником стал Саймон Кузнец. Кузнец был связан с этой организацией много лет — до 1961 года. И он был профессором экономики — сначала в Университете Пенсильвании, затем в Университете Джонса Хопкинса, а с 1960 года — в Гарвардском университете. Он профессорствовал в Гарварде до 1971-го, когда получил Нобелевскую премию. После этого Кузнец не был связан ни с какой организацией. Он читал лекции по всему миру. Писал. Занимался благотворительностью.

Обычно иммигранты первого поколения — иммигранты из любой страны — хотят, чтобы их дети знали как можно больше о стране, из которой эмигрировали их родители. Саймон Кузнец рассуждал по-иному. Он никогда не говорил с детьми по-русски или на идише. В доме никогда не готовили русскую еду, и никогда не звучали русские и еврейские песни. Дети, считал отец, должны расти американцами. При этом сам Кузнец читал русские книги, следил за советской литературой, интересовался Советским Союзом. Советских экономистов он считал аппаратчиками, не способными к самостоятельному мышлению.

У сына Кузнеца — Пола — как-то спросили, как объяснить, что тема России была почти запретной в их доме. Сын пожал плечами: «Я подозреваю, что лишения, перенесённые отцом в годы Первой мировой войны и революции, стали причиной его нежелания рассказывать о прошлом...»

Кузнец никогда — никогда! — не обсуждал свою работу с друзьями и приятелями, которые не были экономистами. Ну а в среде экономистов он никогда не обсуждал вопросов, не связанных с экономикой. Экономист Генри Росовский, один из ближайших друзей Кузнеца, работавший с ним в Гарвардском университете, писал, что в 60-е годы, когда политикой интересовались все, Кузнец был единственным сотрудником кафедры, который не участвовал в политических дискуссиях. На кафедре было много евреев, но Кузнец был единственным, кто не говорил о своём еврействе. Но как только родилось Государство Израиль, Кузнец стал его убеждённым сторонником. Он постоянно ездил в Израиль с лекциями, жертвовал в израильские фонды. Неоценима его работа в израильском Институте экономических исследований, который носит имя Мориса Фолка.

Кузнец был плодовитым автором. Он написал 31 книгу, не менее двухсот статей. В числе его фундаментальных работ трёхтомник «Перераспределение населения и экономический рост в Соединённых Штатах с 1870 по 1950 год». Ещё одна — «Экономический рост наций». И вот ещё одна: «Население, капитал и экономический рост».

Не опасаясь преувеличить, можно утверждать, что Кузнец революционизировал экономическую науку. У него были десятки учеников. Самые знаменитые из них — лауреаты Нобелевской премии Милтон Фридман и Роберт Фогель. Кузнец был единомышленником английского экономиста лорда Джона Мейнарда Кейнса. Он, как и Кейнс, не считал предосудительным вмешательство правительства в рыночную экономику. А вот его ученики Фридман и Фогель осуждали такое вмешательство. Различие во взглядах не помешало сотрудничеству Кузнеца и Фридмана. Они были соавторами нескольких работ. Загадка для историков: как находили общий язык кейнсианец Кузнец и рыночник Фридман?

Рассказывая о своих учителях, Фридман (он был экономическим советником президента Рональда Рейгана), всегда называл Кузнеца первым.

Саймон Кузнец скончался в 1985 году в Кембридже (Массачусетс), где находится Гарвардский университет. Спустя 27 лет после его смерти, в 2012 году, увидело свет его двухтомное исследование «Еврейская экономика» — об экономическом становлении в Америке евреев-эмигрантов из европейских стран. Исследования Кузнеца об эмиграции евреев представляют интерес для всех эмигрантов — вне зависимости от их национальности и вероисповедания.

* * *

«Я туда больше не поеду. Они ничего не слушают», — сказал 88-летний Василий Леонтьев по возвращению из России в 1993 году. Он приезжал в Россию, чтобы помочь в реформировании российской экономики. Но российские умники не желали прислушиваться к нобелиату, убеждавшему их, что ставка только на частный сектор к добру не приведёт, ибо и правительству принадлежит в экономике важная роль.

Леонтьев, «апостол планирования», как называли его, и неплохой яхтсмен-любитель, сравнивал экономику с каравеллой, паруса которой надувает ветер частного сектора и частной инициативы, а у штурвала стоит государственное регулирование. Крах советской экономики был вызван отсутствием парусов. Но доверяться только парусам, не сомневался он, нельзя. Леонтьев получил Нобелевскую премию за развитие метода «затрата — выпуск», ставшего наиважнейшим инструментом в прогнозировании и планировании — как в частных фирмах и компаниях, так и в государстве. И к его голосу — методу — прислушивались во многих странах. Он надеялся: прислушаются и в постсоветской России.

Леонтьев впервые — после эмиграции в США — приехал в Россию — ещё в Советский Союз — в 1959 году, в разгар «хрущёвской оттепели». В 1960 году журнал *Foreign Affairs* напечатал его статью «Спад и подъём советской экономической науки». Он приезжал в советскую Россию, когда её экономика уже дышала на ладан — в 1979 году. В 1988 году его пригласили в Советский Союз для консультации по вопросам перестройки и в том же году избрали членом Академии наук СССР. Как только Россия сбросила с себя советские оковы, он стал внимательнее следить — интересоваться тем, что там происходит. Но «они» — бывшие советские — не хотели его слушать.

О Леонтьеве в России ходило много легенд. Самая распространённая: был ответственным работником Госплана, перебежал на Запад, стал невозвращенцем во время зарубежной командировки. На самом деле, в Госплане Леонтьев не работал и никогда никуда не сбегал.

Василий Васильевич Леонтьев родился в интереснейшей семье. Его далёкие предки были крестьянами, но не крепостными. Прадед оторвался от земли, приехал в Санкт-Петербург. Дед разбогател, открыл ткацкую фабрику. Один из его сыновей женился на англичанке, и таким образом

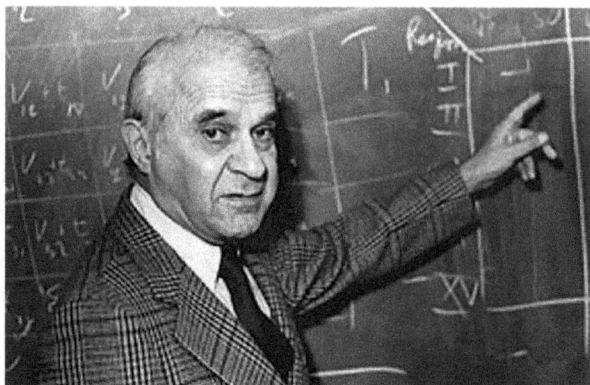

Василий Леонтьев

у будущего нобелевца была британская родня. Отец пошёл в науку, стал профессором экономики Петербургского университета. Он женился на Злате Беккер — дочери состоятельного одесского предпринимателя, которая закончила в Петербурге знаменитые Бестужевские курсы — одно из первых женских высших учебных заведений в России, была дипломированным педагогом.

Долго шли споры: где Леонтьев родился? Было доподлинно известно: 5 августа 1906 года его крестили в Санкт-Петербурге. Считали этот город и местом его рождения. Удалось установить: да, действительно родился 5 августа, но в 1905 году, а не в 1906-м, и не в столице России, а в Мюнхене.

Мать не отдала сына в гимназию, занялась его образованием сама. К 15 годам Вася владел главными европейскими языками и в этом возрасте поступил в Петроградский университет. Будучи студентом университета, Леонтьев был членом нелегальной социалистической группы, в ноябре 1922 года был арестован, почти месяц находился под стражей и чудом избежал суда. Студентом написал статью о путях развития науки, статья не была напечатана. «Это была, — писал Леонтьев годы спустя, — историко-аналитическая статья, очень далёкая от политики, от идеологии. Запретили даже такую. Я понял, что здесь наукой будет невозможно заниматься...»

В 1925 году Леонтьев, закончивший — в 19-летнем возрасте — годом ранее Петроградский университет и работавший на кафедре экономической географии в Политехническом институте, получил разрешение поехать в Германию для лечения злокачественной, как полагали врачи, опухоли. Уезжая, он знал, что в Советский Союз не вернётся.

В том же году 20-летний Василий Леонтьев поступил в аспирантуру Берлинского университета имени Гумбольдта, в 1928 году защитил докторскую диссертацию «Круговорот экономики». Затем работал в Институте мировой экономики в городе Киль, работал с антрактом — поездкой в Китай, куда его пригласили в качестве советника министра железных дорог. Перед ним была поставлена задача рассчитать оптимальную транспортную систему страны. Это была первая из его многих зарубежных командировок.

В 1931 году Леонтьев уехал в Америку, уехал, как оказалось, навсегда. Вся его последующая научная и преподавательская работа связана с Соединёнными Штатами. Это были Гарвардский и Нью-Йоркский университеты и всевозможные правительственные учреждения. Например, после вступления США во Вторую мировую войну Леонтьев стал консультантом по экономическому планированию для Военно-воздушных сил.

Перечень его заслуг в экономике велик. Велик перечень наград, почётных званий. Четыре аспиранта Леонтьева заслужили, как и их учитель, Нобелевскую премию: Пол Самуэльсон (1970 год), Роберт Солоу (1987), Вернон Смит (2002) и Томас Шеллинг (2005). Ни у одного другого нобелевского лауреата нет такого числа учеников-нобелиатов.

Леонтьев никогда не скрывал, почему любит общаться с русскоязычными коллегами: они обращались к нему не «господин» или «мистер Леонтьев», а по имени-отчеству — Василий Васильевич. Память об отце — профессоре-экономисте — он хранил всю жизнь.

Василий Васильевич Леонтьев скончался в Нью-Йорке в 1999 году.

Два самых опасных американца

Спущенный на воду в 1897 году пароход *S. S. Buford* перевозил американских солдат в 1898 году во время войны США с Испанией, а после окончания Первой мировой войны перевозил американских солдат из Европы. Но это судно вошло в историю благодаря вояжу, который начался 21 декабря 1919 года в Нью-Йорке и завершился 16 января 1920 года в финском городе Ханко. Журналисты назвали пароход *Red Ark*, то есть «Красный ковчег», ибо его пассажирами были исключительно люди, которые приветствовали большевистский переворот в России.

«Красный ковчег» отправился в путь за четыре дня до Рождества, и американские газеты писали, что это рождественский подарок Ленину и Троцкому. Правительство Соединённых Штатов включило в «праздничный пакет» для вождей Советской России 249 человек. Все они как один родились в Российской империи. Это были русские и евреи, украинцы и белорусы, латыши и литовцы, журналисты и торговцы, шахтёры и строители, безработные и революционеры. Они были либо коммунистами, либо социалистами, либо анархистами. Самыми известными среди пассажиров были Эмма Голдман и Александр Беркман.

«Два самых опасных американца», — сказал о Голдман и Беркмане будущий многолетний директор ФБР Эдгар Гувер, который в 1919 году был помощником министра юстиции. В пять утра — перед тем, как «Красный ковчег» отправился в путь, — Гувер поднялся на борт, чтобы убедиться, что Голдман и Беркман не сбежали.

В 1919 году Эмме Голдман было 50 лет, Александру Беркману — 49. К этому времени Голдман жила в Америке 34 года, Беркман — 31 год. Больше половины из прожитого в Америке времени — 16 лет — Беркман провёл за решёткой. Голдман арестовывали неоднократно, но пробыла она в заключении в общей сложности меньше четырёх лет.

Представляли ли они опасность для Соединённых Штатов? Если мы сочтём, что террористы опасны для общества, ответ на этот вопрос будет утвердительным. Добиться справедливости в Соединённых Штатах, считали они, можно только силой. Но если Голдман лишь провозглашала это — говорила и писала, то Беркман применял оружие.

Сегодня Беркман почти забыт. О нём вспоминают исключительно в связи с Голдман, потому что в рассказах о Голдман невозможно не упоминать Беркмана. В первые годы знакомства они были любовниками и оставались друзьями, единомышленниками, соратниками до последних дней жизни. Беркман покончил с собой в 1936 году на 66-м году жизни. Голдман умерла в 1940 году, не дожив месяца до 71 года… Они были лидерами североамериканских анархистов в конце XIX — начале XX века.

Знакомясь с жизнью революционеров, нельзя не обратить внимания на то, что их лидеры родились, как правило, в небедных семьях и росли в достатке. Эмма Голдман и Александр Беркман также не ведали в детстве голода и холода.

Эмма родилась в 1869 году, на год раньше Александра, и приехала в Америку раньше. Родилась она в Ковно, как называли в Российской империи литовский город Каунас. Эмме было семь лет, когда семья переехала в Кенигсберг — в то время город в Германии, и поступила там в школу. Но вскоре семья отправилась в Санкт-Петербург. Здесь отец Эммы занимался торговлей. Эмма любила читать, и роман Чернышевского «Что делать?» был её любимым. Она восхищалась Верой Павловной. Вы помните главную героиню этого романа?

«Я хочу быть независима и жить по-своему; что нужно мне самой, на то я готова; чего мне не нужно, того я не хочу... Я не хочу ни от кого требовать ничего, я хочу не стеснять ничьей свободы и сама хочу быть свободна», — говорила Вера Павловна. И она, как мы помним, открыла швейную мастерскую, прибыль в которой распределялась

Эмма Гольдман и Александр Беркман

между работницами. Вера Павловна стала героиней Эммы Голдман.

Александр Беркман родился, как и Голдман, в Литве, но только не в Каунасе, а в Вильнюсе. С четырёх лет он жил в Санкт-Петербурге. Саша увлекался, как и Эмма, русской социал-демократической литературой и восхищался героями романа «Что делать?» Его любимым персонажем был Рахметов. Уже в Америке, останавливаясь в том или ином отеле, Беркман назывался Рахметовым. И ещё юному Саше очень нравился нигилист Базаров из тургеневского романа «Отцы и дети». Большое влияние оказал на Беркмана его дядя народник Максим Натансон. 11-летний Беркман запомнил на всю жизнь 13 марта 1881 года. В этот день народники убили царя Александра Второго. Родители Саши не срывали огорчения: убитый император облегчил жизни евреев в России. Но Натансон не скрывал радости. «Тирана больше нет!» — говорил он. «Дядя Максим», как называл Беркман Натансона, стал его кумиром. «Моё юное сердце светилось от восторга», — так реагировал Беркман на рассказы Натансона о народниках.

Годы спустя Голдман и Беркман писали в мемуарах, что на их взгляды — как анархистов — оказали влияние события 4 мая 1886 года на чикагской площади Хеймаркет и последовавшая за ними казнь пятерых анархистов. Голдман в это время уже жила в Нью-Йорке, Беркман ещё оставался в Санкт-Петербурге.

1 мая 1886 года рабочие в Чикаго, Нью-Йорке, Детройте, Милуоки провели забастовку с требованием восьмичасового рабочего дня. В честь этой забастовки Второй Социалистический интернационал призвал отмечать 1 мая как международный день трудящихся. Требова-

ние рабочих было отвергнуто, а на чикагском заводе компании «Маккормик» произошли массовые увольнения стачечников. Места уволенных должны были занять штрейкбрехеры. Уволенные преградили им путь, и полиция открыла стрельбу. И тогда анархист Август Спис, главный редактор издававшейся на немецком языке газеты *Arbeiter-Zeitung* («Рабочая газета»), призвал провести 4 мая на площади Хеймаркет демонстрацию протеста против произвола полиции. На призыв откликнулось несколько сотен человек. По некоторым данным, их число достигло трёх тысяч. Демонстрация была мирной. Даже мэр Чикаго Картер Харрисон задержался на несколько минут, чтобы послушать ораторов. А когда пошёл дождь, демонстранты начали расходиться. В это время кто-то бросил в толпу бомбу. Полиция открыла стрельбу.

Кто бросил бомбу, неизвестно. Власти Чикаго решили, что вину несут анархисты, выступавшие с подстрекательскими речами. Восемь анархистов были арестованы. Пятерых признали виновными. Их повесили 11 ноября 1887 года.

17-летний Беркман узнал о казни из газет. «Кто такие анархисты?» — спросил он приятеля. Тот приложил палец к губам и сказал Беркману на ухо: «Это нигилисты по-нашему». В следующем году — в 1888-м — Беркман поехал в Америку, уже зная, что будет анархистом.

Во время событий на площади Хеймаркет Голдман уже была в Америке. Она успела пожить в городе Рочестере, штат Нью-Йорк, где вышла замуж, но вскоре развелась и приехала в Нью-Йорк.

«Я поглощала каждую строчку об анархизме, каждое слово о подсудимых, об их жизни, их работе. Я читала об их геройском поведении на суде… Я видела, как передо мной открывается новый мир», — писала Эмма Голдман в автобиографии сорок лет спустя.

И этот новый мир — мир анархизма — объединил Голдман и Беркмана. В один из августовских вечеров 1889 года пути 19-летнего Саши и 20-летней Эммы пересеклись в Sach's cafe на улице Саффолк в манхэттенском Нижнем Ист-Сайде.

Сегодня улица Саффолк только названием напоминает ту улицу, какой она была 130 лет назад. С её прошлым ньюйоркцев и гостей города знакомит музей, находящийся на Орчард-стрит — в трёх минутах ходьбы от Саффолк. Музей знакомит с квартирами-клоповниками, в которых ютились недавние иммигранты из Европы, и с фабричкой, где они вкалывали от зари до зари. Эти места были полем деятельности для коммунистов, социалистов, анархистов.

На следующий день после знакомства с Эммой Саша представил её своему старшему товарищу. Это был Иоганн Мост — в то время самый известный в Америке анархист. Он родился в Германии. Был — как социалист — депутатом Рейхстага, но разочаровался в парламентской демократии и стал анархистом. В числе написанных им книг есть «Наука революционных военных действий: руководство по использованию и приготовлению нитроглицерина, динамита, пироксилина, гремучей ртути, бомб, запалов, ядов и прочего». В Нью-Йорке Мост издавал на немецком языке газету *Freiheit* («Свобода»). Беркман работал в ней наборщиком. Мост призывал в газете к насилию для достижения цели. Его призыв пал на благодатную почву.

В 1892 году на сталелитейном заводе в пенсильванском городе Хоумстед вспыхнула стачка. Завод принадлежал Эндрю Карнеги. Управляющим на заводе был Генри Клей Фрик. Сегодня имя Карнеги прочно ассоциируется с нью-йоркским концертным залом Карнеги-холл, который он построил. Имя Фрика ассоциируется с галереей на манхэттенской Пятой авеню, где демонстрируется коллекция живописи, собранная Фриком. Но в 90-е годы XIX века Карнеги и Фрик были известны не как меценаты, а как богатейшие промышленники.

На заводе началась забастовка, Фрик уволил стачечников и пригласил на их место штрейкбрехеров. Стачечники встретили штрейкбрехеров камнями, охранники в ответ открыли огонь. Девять забастовщиков и семь охранников были убиты.

События в Хоумстеде широко освещались газетами. Беркман и Голдман решили, что их час настал. Беркман взялся убить Фрика. Голдман собирала деньги на поездку Беркмана из Нью-Йорка в Пенсильванию. Они не сомневались, что убийство Фрика послужит сигналом для всех американских рабочих к началу всеобщей забастовки и сопротивления владельцам заводов, фабрик и шахт. Беркман и Голдман считали, что убить Фрика следует бомбой. Затем они пришли к выводу, что пистолет надёжнее. Беркман отправился убивать Фрика.

В отеле неподалёку от офиса Фрика Беркман зарегистрировался как Рахметов. 23 июля 1892 года он вошёл в кабинет Фрика, где находился сам управляющий и один из его помощников. Войдя, Беркман сразу начал стрелять. Первая пуля попала Фрику в левое ухо, вторая — в шею, но когда Беркман был готов выстрелить в третий раз, помощник Фрика повалил его на пол. И раненный Фрик набросился на стрелявшего, но Беркман ухитрился достать из кармана нож и ударил Фрика в спину...

«Не стреляйте! — приказал Фрик ворвавшимся в его кабинет охранникам. — Пусть с ним разбирается закон!..»

Если бы Беркман убил Фрика, он был бы казнён... Суд приговорил его к 22-летнему тюремному заключению. Беркмана выпустили на свободу спустя 14 лет. Он пробыл за решёткой до мая 1906 года.

Многое произошло в жизни Голдман в течение 14 лет. Она стала одним из главных ораторов анархистов, выступала во многих городах. В 1893 году её впервые арестовали, и она провела почти год в тюрьме на острове Блэквелл-айленд — посередине Ист-ривер. (Ныне этот остров носит имя Рузвельта, и тюрьмы там нет.) Осудили Голдман за выступление на Юнион-сквер, когда она призывала рабочих к мятежу... В 1901 году Голдман снова арестовали. Это случилось вскоре после того, как анархист Леон Чолгош смертельно ранил президента Уильяма Мак-Кинли. Незадолго до покушения Чолгош встречался с Голдман. Однако участие Голдман в заговоре не было доказано, и её освободили из-под стражи.

Голдман сменила в Нью-Йорке десятки адресов. А в 1902 году она обрела постоянное — на 11 лет — жильё: сняла квартиру в Манхэттене: 208 Ист 13-й стрит... Мемориальная доска оповещает, что здесь жила Эмма Голдман — «анархист, оратор, защитник свободы слова и свободной любви».

Арендованное жильё Голдман превратила в штаб-квартиру анархистов. Здесь она издавала журнал *Mother Earth* («Мать Земля»). Здесь написала множество теоретических статей, и в их числе «Трагедию женской эмансипации». Здесь она принимала Екатерину Брешковскую — одну из организаторов российской партии эсеров, прозванную «бабушкой русской революции»... Эмма Голдман встретила на ура российскую революцию 1905 года и призывала американских рабочих последовать примеру российских, забыв, наверное, что в Америке нет царя.

В 1906 году Беркмана освободили, и, вернувшись в Нью-Йорк, он поселился в арендованной Голдман квартире. Тюрьма ничему его не научила. Он гордился «первым террористическим актом в Америке», как называл своё покушение на Фрика. Это был, конечно, не первый террористический акт в Америке. Достаточно хотя бы вспомнить убийство президента Авраама Линкольна. И, находясь за решёткой, Беркман пришёл к выводу, что оружие — это единственное средство для достижения цели. А цель оставалась всё той же...

В последние годы своей американской жизни Беркман издавал журнал с характерным для террориста названием *The Blast* («Взрыв»). Первый номер «Взрыва» вышел в 1915 году — через год после взрыва, произошедшего в Манхэттене на Лексингтон-авеню в доме 1626 — между 103-й и 104-й улицами.

Ныне этот дом такой же малопривлекательный, каким был в 1914 году. И сегодня, как и тогда, в нём сдаются квартиры. В 1914 году в квартире на шестом — последнем — этаже жила анархистка Луиза Бергер, эмигрантка из Латвии, которая была тогда в составе Российской империи. Бергер работала редактором в журнале «Мать Земля». В июле 1914 года анархисты во главе с Беркманом собирали в её квартире бомбу. Взрывчатку они получили из России. Бомба требовалась для покушения на Джона Рокфеллера в его загородной вилле в Территауне, поблизости от Нью-Йорка. Анархисты решили убить Рокфеллера в отместку за бойню, учинённую вооружённой охраной на принадлежавшей Рокфеллеру шахте в колорадском городе Ледлоу.

4 июля 1914 года, в День Независимости, бомба взорвалась в квартире. Три верхних этажа были разрушены. Четыре анархиста, находившиеся в квартире, погибли, 12 человек ранены. Жертв могло бы быть и больше, но многие обитатели дома уехали на праздничные утренники.

Однако не террористические акты послужили основанием для ареста 15 июля 1917 года Беркмана и Голдман. Незадолго до этого США вступили в мировую войну, Беркман и Голдман организовали в Нью-Йорке Лигу против воинской повинности. «Мы настроены против всех войн, которые устраивают капиталистические правительства!» — заявила Голдман. Но принятый Конгрессом и утверждённый президентом Вудро Вильсоном Закон о шпионаже (*Espionage Act of 1917*) запрещал подобную деятельность. Суд приговорил Голдман и Беркмана к двухлетнему заключению и к высылке из страны после окончания тюремного срока.

К этому времени Голдман уже была лишена американского гражданства, полученного ею вскоре после приезда в Америку благодаря замужеству с иммигрантом Джейкобом Кершнером, уже бывшем гражданином США. Вскоре они развелись. В 1908 году её бывшего мужа лишили гражданства, что дало основание для лишения гражданства и Голдман. Узнала она об этом только тогда, когда правительство США решило выслать её из страны.

И вот Голдман и Беркман — и ещё 247 родившихся в Российской империи анархистов, социалистов и коммунистов — оказались пассажирами «Красного ковчега», который 21 декабря 1919 года отправился из ненавистных им Соединённых Штатов Америки в Советскую Россию — страну победившего пролетариата. Приглянулась ли им эта страна? Они сами ответили на этот вопрос. «Моё разочарование в России» — так назвала Голдман первую книгу. «Моё дальнейшие разочарование в России» — так она назвала вторую. Названия книг Беркмана — «Русская трагедия» и «Большевистский миф».

Голдман и Беркман пришли в ужас от увиденного. Расстрел большевиками восставших в 1921 году в Кронштадте матросов, солдат и рабочих стал последней каплей, переполнившей их терпение. В декабре того же года Голдман и Беркман добрались до Риги — в то время столицы свободной Латвии.

У Беркмана никогда не возникало желания вновь побывать в Америке. Он не любил эту страну. Голдман мечтала не только побывать, но и жить в ней. Но ей лишь однажды разрешили поездку по Соединённым Штатам с лекциями. Было это в начале 1934 года, когда уже умудрённая жизненным опытом Голдман ставила знак равенства между коммунизмом и фашизмом. Голдман тяжело переживала смерть Беркмана в Ницце. Он покончил жизнь самоубийством 28 июня 1936 года. Она скончалась в Торонто 14 мая 1940 года. Голдман хотела быть похороненной в Америке, и правительство США дало на это согласие. Её последним пристанищем стало то же кладбище в Чикаго, где были похоронены анархисты, казнённые в 1887 году.

Долгие годы в Америке не вспоминали об Эмме Голдман. Её вернули из небытия феминистки в 70-е годы, а вторую жизнь она обрела в 1981 году, когда Уоррен Битти снял фильм «Красные» о жизни Джона Рида — одного из основателей американской компартии. Рид, как мы знаем, воспел большевистскую Россию в книге «Десять дней, которые потрясли мир». В фильме «Красные» роль Эммы Голдман сыграла Морин Стэплтон, награждённая «Оскаром». Это дало толчок для появления книг о Голдман. Была даже пьеса «Эмма». Появилась и песня «Эмма Голдман», которую исполняла группа с характерным названием *The Troublemakers* («Смутьяны»).

Эмма Голдман и Александр Беркман были смутьянами, родившимися в Российской империи. Но они — часть американской истории, и их вклад в американскую историю нельзя было обойти вниманием.

Агент ФБР в Кремле

9 июня 1977 года генеральный секретарь СССР компартии Леонид Брежнев устроил в Кремле «рабочий ужин». На языке партийной верхушки слово «рабочий» означало, что жёны не приглашаются. Ужин был накрыт в зале, который назывался «Капитанской рубкой». За столом, заставленным яствами и напитками, недоступными рядовым советским трудящимся, сидели генсек Брежнев, глава КГБ Юрий Андропов, главный идеолог компартии Михаил Суслов и ряд других ответственных товарищей. А устроено было мероприятие в честь американца Морриса Чайлдса. На следующий день ему исполнялось 75 лет.

«Я поднимаю тост за последнего настоящего большевика!» — сказал Брежнев, и вслед за ним юбиляра принялись поздравлять все собравшиеся... Уже изрядно выпив, Брежнев надел очки и стал читать написанную для него речь. Речь начиналась с вопроса: «Кто из вас был коммунистом в 1919 году? — спросил оратор, обращаясь к участникам застолья, и, выдержав короткую паузу, продолжал: — Товарищ Чайлдс стал коммунистом в 1919-м...» Затем Брежнев принялся перечислять заслуги Чайлдса перед международным рабочим движением... Закончив читать, он попросил американского гостя подняться и собственноручно прикрепил к лацкану его пиджака орден Красного знамени.

Брежнев и другие члены Политбюро ЦК КПСС — в их числе председатель КГБ Андропов — даже представить себе не могли, что 75-летний Моррис Чайлдс, второе по рангу лицо в Коммунистической партии Соединённых Штатов, является... агентом Федерального бюро расследований. Это не могло им присниться даже в самом страшном сне. Агентом ФБР был и младший брат Морриса Чайлдса — Джек, который, как и старший, был награждён орденом Красного знамени.

Чайлдсами Моррис и Джек стали в Америке. Родились они как Чиловские. Старшего Чиловского звали Мойша, младшего — Яков. Они родились в деревушке под Киевом. Мойша — в 1902 году, Яша — в 1903-м. Отец Иосиф Чиловский не скрывал своей неприязни к царскому режиму, за что и поплатился. Он был арестован и сослан в Сибирь, бежал из ссылки, добрался до Одессы и тайно на торговом судне под американским флагом сумел доплыть до Америки. 10 марта 1910 года Иосиф Чиловский ступил на берег в техасском порту Галвестон. Оттуда он доехал поездом до Нового Орлеана, а затем на пароходе по Миссисипи поднялся на север. Осел он в Чикаго. Иосиф был отличным сапожником и за год работы скопил достаточно денег, чтобы вызволить из России жену и сыновей. 11 декабря 1911 года Нехама Чиловская прибыла с 9-летним Мойшей и 8-летним Яшей в Нью-Йорк на Эллис-Айленд. Получив «добро» на въезд в Соединённые Штаты, они сели в поезд в Джерси-Сити, и на следующий день Иосиф Чиловский встречал их в Чикаго.

Мойша, ставший Моррисом, был с детских лет способнее Якова, ставшего Джеком. Моррис отлично учился в школе и уже в 14 лет зарабатывал как посыльный в финансовом районе Чикаго. Он увлекался русской литературой и американской историей. После окончания школы ходил по выходным дням на лекции в Чикагский Институт искусств. Вот здесь-то Моррис и познакомился с левыми радикалами.

Морис Чайлдс

В 1921 году, когда Моррису было 19 лет, он стал членом Коммунистической партии США. Молодой коммунист отлично выполнял всё, чего требовало партийное начальство, и обратил на себя внимание партийных боссов, и в их числе Эрла Браудера, который был американским агентом в Коминтерне. Будучи чересчур активным коммунистом, Моррис привлёк внимание и полиции, за ним началась слежка, и партийное руководство посоветовало ему скрыться в Москве.

В конце 1928 года Моррис Чайлдс отплыл из Нью-Йорка на французском пароходе. Партия выдала ему 200 долларов и пару сотен франков. В январе 1929-го он приехал в столицу Советского Союза и стал студентом двухлетней

Школы Коминтерна, и поскольку отлично ответил на все политические вопросы, был зачислен сразу на второй курс.

На приёмном собеседовании на вопрос, знает ли он русский язык, Моррис ответил: «Нет». Он ответил так вовсе не потому, что хотел обмануть московских товарищей. Моррис был по натуре перфекционистом и простонапросто стеснялся своего русского, который успел подзабыть, да и говорил уже с сильным акцентом. Поэтому и сказал, что не знает русского. Моррис и понятия не имел, как спустя много лет ему пригодится «незнание» русского языка. Впрочем, абсолютное большинство учеников Школы Коминтерна русского языка не знали. Они слушали лекции в наушниках, причём в переводе на свой родной язык. Но Моррис намеренно скрыл от школьного начальства, что учился в Институте искусств, любит живопись и музыку, интересуется литературой. Коммунист Моррис хотел, чтобы к нему относились как к рабочему. Он стеснялся своей интеллигентности.

Однажды Морриса Чайлдса попросили зайти после уроков в школьную канцелярию. Там его встретил человек, прекрасно говоривший по-английски. Сначала этот человек выражал восхищение Америкой и трудолюбивым американским народом, а затем спросил: не думает ли Моррис, что империалисты или троцкисты могут заслать в школу шпионов? Моррис сказал, что это возможно. «А не хотели бы вы помочь нам разоблачать врагов?» — поинтересовался незнакомец. Моррис согласился. Вскоре он понял, что беседовал не с представителем большевистской партии, а с представителем ОГПУ. Но это совсем не смутило его. Он давно решил делать всё, что помогает бороться с империалистами, троцкистами и прочей нечистью...

В числе преподавателей Школы Коминтерна были финн Отто Куусинен и Михаил Суслов — будущие члены Президиума ЦК КПСС. У Морриса сложились отличные отношения с обоими. Особенно с Сусловым, который был его ровесником. Суслов стал почти его другом. Помог случай. По какой-то неведомой ученику причине преподаватель впал в немилость у высокого начальства и его лишили права пользоваться школьной столовой, в которой был отличный набор блюд и — это главное! — невысокие цены. Чайлдс не оставил Суслова в беде. Он носил для него еду из столовой. Вскоре начальство простило Суслова, но Суслов не забыл о помощи Чайлдса. В 1930 году Моррис Чайлдс не мог, разумеется, даже предположить, что спустя несколько десятилетий его приятель станет главным идеологом советской компартии.

В Школе Коминтерна преподавали не только политические дисциплины и учили не только тому, как вести агитацию и заниматься пропагандой. Выпускники Школы должны были уметь организовывать забастовки и демонстрации, взрывать мосты, убивать из-за угла... Тех, кто, как Моррис, остался в Школе после двух лет учёбы, учили тонкостям шпионажа и конспирации.

В 1932 году Моррис Чайлдс покидал Москву, его советские учителя говорили о нём: «Этот — наш». В том же году американскую компартию возглавил его покровитель Эрл Браудер, и это способствовало продвижению Морриса по партийной лестнице.

Пока Моррис учился в Москве, его младший брат Джек переехал из Чикаго в Нью-Йорк и стал одним из активистов в Лиге молодых коммунистов. А в 1932 году новый генеральный секретарь компартии Браудер посоветовал

Джеку последовать примеру старшего брата — поехать учиться в Москву в Школу Коминтерна. Джек согласился.

Американские коммунисты всегда были послушными исполнителями приказов из Москвы, и когда в 1938 году Москва приказала Моррису Чайлдсу выставить свою кандидатуру в Сенат, он не ослушался. Чайлдс баллотировался в верхнюю палату Конгресса в штате Иллинойс. «Работа… Безопасность… Демократия… Мир» — это были его предвыборные лозунги. И следуя московским установкам, он в каждом выступлении говорил об опасности, которую несёт миру нацистская Германия. Граждане Иллинойса не избрали коммуниста в Сенат, но участие в предвыборной кампании укрепило позиции Морриса Чайлдса в глазах руководства Коммунистической партии.

Не прошло и года после выборов, как Сталин заключил мирный договор с Гитлером. Моррис тут же позвонил генсеку Браудеру: как объяснить советско-германский договор? У Браудера не было ответа. Не было ответа и у Морриса, когда его атаковали вопросами рядовые коммунисты. Не было у него ответа и на вопросы о репрессиях против коммунистов в Советском Союзе. Кое-кого из репрессированных Моррис знал со времени учёбы в Школе Коминтерна. Теперь он был в недоумении.

Нападение Германии на Советский Союз 22 июня 1941 года позволило американским коммунистам забыть о вопросах, на которые у них не было ответа. А 7 декабря 1941 года Япония атаковала Перл-Харбор, и Соединённые Штаты и Советский Союз в одночасье стали союзниками. Теперь уже никто и ничто не мешало американским коммунистам открыто прославлять Сталина и СССР. И как только Соединённые Штаты вступили во Вторую мировую войну, американская компартия начала набирать силу. В конце войны в США было более 70 тысяч коммунистов, тираж газеты *Daily Worker* — главной газеты компартии — перевалил за 60 тысяч.

Моррис Чайлдс встретил окончание войны на больничной койке. Он слёг после инфаркта. Примерно в это же время по требованию Москвы был смещён с поста генсека Браудер, и ему на смену пришёл Юджин Деннис — очередной московский ставленник, который, как и братья Чайлдс, учился в Школе Коминтерна. Правда, к тому времени, когда Браудера сменил Деннис, Сталин распустил Коминтерн. Новый генсек навестил больного Морриса в Чикаго, пожелал ему быстрого выздоровления и сообщил пожелание Москвы: Моррис Чайлдс должен стать главным редактором *Daily Worker*. И как только Моррис выздоровел, он приступил к исполнению редакторских обязанностей в главной газете коммунистов. Было это в начале 1946 года. А вскоре для американских коммунистов наступили трудные времена. Компартия была объявлена вне закона, поскольку занималась антиправительственной пропагандой, коммунисты ушли в подполье, некоторые руководители были арестованы, некоторые скрылись за границей...

ФБР не тронуло Морриса Чайлдса по одной причине: он отошёл от дел, поскольку снова был болен. Больное сердце вновь уложило его в постель, а когда он смог подняться, еле-еле ходил, отдыхая через каждые несколько шагов. Моррис полагал, что жить ему оставалось недолго. Младший брат взял на себя заботу о старшем. Джек помогал Моррису всем чем мог. И ФБР обратило внимание на младшего.

4 сентября 1951 года агенты ФБР Эдвард Бакли и Герберт Ларсон остановили Джека на улице неподалёку от его дома в нью-йоркском районе Квинс. Агенты представились и ожидали, что Джек Чайлдс отреагирует так, как обычно реагировали в таких случаях коммунисты: «Вы, парни, ошиблись! Я не имею никакого отношения к этой треклятой партии! Оставьте меня в покое!» Но Джек Чайлдс отреагировал совершенно иначе.

«Мужики! Где вас чёрт носил все эти годы? Я успел вырастить сына, пока вы бродили вокруг да около!» — восторгался Джек неожиданному свиданию. На следующий день Джек пришёл на встречу с агентами ФБР в нью-йоркский отель *Tudor*. Он объявил, что никогда не верил в «коммунистическое дерьмо», а на вопрос, почему связался с дерьмом, сказал: «Ради старшего брата».

«Согласится ли Моррис помочь Соединённым Штатам?» — спросили у Джека. «Вам следует отправить к нему джентльмена, который хорошо разбирается в коммунистическом дерьме», — ответил Джек.

Такой джентльмен в ФБР нашёлся. Это был Карл Фрейман — полиглот, юрист по образованию, читавший Маркса, Ленина и книги по советской истории. Джек предупредил Фреймана: старший брат сродни шахматисту — думает на несколько ходов вперёд.

Фрейман позвонил Моррису, и они договорились встретиться. Моррис предупредил: он болен и отошёл от партийных дел. Но Фрейман хорошо подготовился к шахматной партии.

«Не кажется ли мистеру Чайлдсу, что Сталин предал идеалы марксизма? — спросил Фрейман Морриса при первой встрече. — Знает ли мистер Чайлдс, что коммунизм уничтожил миллионы невинных мужчин, женщин и детей? Не думает ли мистер Чайлдс, что коммунисты и нацисты отличаются друг от друга лишь методами убийства евреев и числом убитых? И какой строй, по мнению мистера Чайлдса, наилучшим образом удовлетворяет потребности человека — советский коммунизм или американская демократия?»

«Мы оба знаем ответы», — сказал Моррис Чайлдс.

Моррис согласился помогать Америке, но сомневался: сможет ли? Во-первых, он потерял связь с компартией. Во-вторых, еле-еле ходит... И Фрейман понимал: сначала надо поставить Чайлдса на ноги, а уже затем переходить к делам.

ФБР не составило труда найти больницу для Морриса. Это была знаменитая Клиника Майо в Рочестере, штат Миннесота. И у ФБР хватало, естественно, средств на оплату лечения Морриса Чайлдса. Но встал вопрос: что скажет Моррис товарищам-партийцам, когда они поинтересуются, откуда у него деньги? Джек Чайлдс знал ответ. Джек сказал, что поставит в известность товарищей по партии, что Моррис ложится в больницу, но у него нет денег. Я обращусь к ним: «Скинемся, кто сколько может, поможем Моррису!» «Ни одна из этих задниц не даст и десяти центов, — сказал Джек. — Но ни один из них никогда не признается в этом».

Моррис Чайлдс вышел из больницы здоровым. Он был готов начать новую жизнь.

SOLO — под таким названием вошла в историю самая, возможно, успешная операция по внедрению агентов ФБР в руководство Советского Союза. Операция продолжалась 27 лет. В ней участвовали не только братья Чайлдс, но и их жёны. Главным в этом квартете был, конечно, Моррис Чайлдс. Он встречался с Хрущёвым, Брежневым и Андроповым, с Мао Цзедуном и Фиделем Кастро... Он совершил в общей сложности 57 зарубежных поездок — в Москву и Пекин, в Гавану и Прагу, в Восточный Берлин и Будапешт... С 1958 по 1980 год братья Чайлдс доставили из Москвы — через Торонто — в Нью-Йорк 28 316 201 доллар. Эти деньги Советский Союз выделил американской компартии.

Моррис Чайлдс стал вторым человеком в Коммунистической партии Соединённых Штатов. Первым был Гэс Холл, назначенный Москвой генеральным секретарём в 1959 году. Деньги, которые Москва давала компартии, Холл получал через Морриса Чайлдса и его брата. Операция SOLO стала приносить плоды ещё до первой поездки агента ФБР Морриса Чайлдса в Москву в 1958 году.

Весной 1956 года генеральный секретарь компартии Канады Тим Бак вернулся в Торонто из Москвы, где присутствовал на XX съезде советской компартии. Вернувшись, он тут же позвонил своему старому другу Моррису Чайлдсу и сказал, что располагает «наиважнейшим» документом. Моррис немедленно отправил брата Джека в Торонто, и вскоре Джек вернулся с копией текста секретной речи Хрущёва о преступлениях Сталина. Директор ФБР Эдгар Гувер тут же передал документ в Государственный департамент. Кстати, в том же 1956 году компартия США вышла из подполья.

В 1958 году Моррис впервые после долгого перерыва приехал в Москву. Его встречал старый друг Суслов, и он представил Морриса Борису Пономарёву, который возглавлял международный отдел в ЦК КПСС и нёс ответственность за связи с зарубежными компартиями. И в первый за долгие годы приезд в Москву Моррис Чайлдс узнал от Суслова и Пономарёва о серьёзных трениях между Советским Союзом и Китаем. Из Москвы Моррис отправился в Пекин. Здесь его принимал Мао Цзедун. Они беседовали пять часов. Всё это время говорил практически только Мао, переводила молодая китаянка, прекрасно владевшая английским. Мао обвинял Хрущёва в предательстве рабочего движения и коммунизма, и Морриса удивило, что Мао не стеснялся в выражениях, характеризуя Хрущёва.

Моррис Чайлдс пробыл в СССР и в Китае почти три месяца. Он вернулся в Соединённые Штаты 21 июля 1958 года с сообщением о трениях между двумя коммунистическими гигантами. Это не было секретом для американского правительства, но агент ФБР Моррис Чайлдс получил эти сведения из первых рук — от руководителей компартий СССР и Китая.

Итак, с 1958 по 1977 год Моррис Чайлдс совершил 57 зарубежных поездок. Каждая пронумерована. Я остановлю внимание читателей на 14-й, которая началась 1 ноября 1963 года и закончилась через месяц, 2 декабря. К этому времени Моррис стал в Москве своим человеком. У него была в советской столице квартира. В его распоряжении был лимузин. Хрущёв, Суслов, Пономарёв называли его по имени. И он обращался к ним по имени.

Утром 23 ноября, на следующий день после убийства президента Джона Кеннеди, Чайлдс был в кабинете Пономарёва, и Пономарёв расспрашивал его — как всегда через переводчика — о Линдоне Джонсоне, который стал президентом США. Чайлдс рассказывал всё, что знал о Джонсоне — влиятельном сенаторе до избрания вице-президентом. И во время неторопливой беседы Пономарёва и Чайлдса в кабинет вбежали несколько помощников Пономарёва. Игнорируя присутствие американского гостя и понятия не имея, кто это такой, они сказали Пономарёву, что арестованный в Далласе Ли Харви Освальд несколько лет жил в Советском Союзе и, не исключено, что был завербован КГБ. Пономарёв разнервничался. Он приказал немедленно выяснить, был ли Освальд агентом КГБ... Через некоторое время Пономарёву доставили копию «дела», заведённого на Освальда. Её привёз курьер от председателя КГБ Владимира Семичастного. Пробежав глазами страницы «дела», заведённого в КГБ на Освальда, Пономарёв облегчённо вздохнул.

«Что мы скажем американцу?» — спросил один из его помощников, показав на Морриса. «Он заслуживает полного доверия», — сказал Пономарёв, и Чайлдсу перевели на английский то, что он уже услышал по-русски. Кто-то из помощников Пономарёва спросил у босса, нельзя ли попросить американского товарища, чтобы он сообщил своему правительству, что Освальд не был агентом КГБ. Пономарёв кивнул в знак согласия. Моррису перевели. В ответ он улыбнулся: «Я последний на земле человек, которому может поверить правительство США».

Моррис Чайлдс вернулся в Нью-Йорк 2 декабря, и в этот же день Государственный департамент знал, что Советский Союз не имеет никакого отношения к покушению на президента Кеннеди.

Спустя несколько месяцев Джек Чайлдс встречался с Фиделем Кастро. Джек приехал в Гавану по заданию Гэса Холла для укрепления отношений между американской и кубинской компартиями. В ходе беседы Кастро неожиданно спросил Джека: «Вы думаете, это Освальд убил президента Кеннеди? — и, не дав Джеку открыть рот, продолжал: — Он не мог действовать в одиночку. Я уверен в этом. Было два или три человека. Скорее всего, трое...»

Бесчисленны плоды операции SOLO. Вот ещё один пример. В июне 1967 года, вскоре после израильско-арабской Шестидневной войны, агент КГБ в Нью-Йорке Николай Таланов передал Джеку Чайлдсу текст выступления советского премьера Косыгина в Организации Объединённых Наций. Косыгин ещё не выступал, но Советский Союз хотел, чтобы Гэс Холл познакомился с его речью — чтобы компартия США реагировала на войну так же, как и СССР. Текст речи Косыгина получил не только генсек американской компартии, но и Государственный департамент. И посол США в ООН Артур Гольдберг получил возможность подготовить ответ Советскому Союзу.

«Я не знаю, где вы достали текст, но если у вас и в дальнейшем будет возможность доставать нечто подобное, давайте, пожалуйста, мне знать», — сказал Голдберг чиновнику ФБР.

В конце июня 1968 года агент КГБ в Нью-Йорке Владимир Чучукин встретился с братьями Чайлдс, чтобы поставить их в известность о положении в Чехословакии. После встречи с ним Моррис и Джек пришли к однозначному выводу: вторжение советских войск в Чехословакию неизбежно. Об этом тут же было поставлено в известность правительство США.

Операция SOLO была затеяна прежде всего в целях противостояния Советскому Союзу. Но так уж сложились обстоятельства, что Морриса Чайлдса и его брата принимали с распростёртыми объятиями не только в Москве, но и в столицах других коммунистических стран — в Пекине, в Гаване, в Восточном Берлине, в Праге... Операция SOLO затрагивала главным образом внешнеполитические проблемы. Случалось, однако, что и внутренние. Вот только одна история.

7 августа 1970 года в суде калифорнийского города Сан-Рафаэл слушалось дело по обвинению трёх чернокожих преступников, убивших в тюрьме белого надзирателя. Одним из обвиняемых был Джордж Джексон. В помещение суда проник его младший брат Джонатан. Он был вооружён. Оружием его снабдила профессор Калифорнийского университета коммунистка Анджела Дэвис. Размахивая оружием, Джексон потребовал освободить из-под стражи его брата и двух других преступников. Разумеется, последовал отказ. Тогда Джексон взял заложников — судью, прокурора и трёх членов жюри. Джексон вооружил обвиняемых, и они попытались бежать, захватив заложников и стреляя куда попало. Полиция также открыла стрельбу. В перестрелке были убиты четверо: сам Джексон, судья Хэйли и двое обвиняемых. Поскольку оружием преступников снабдила Дэвис, ФБР решило арестовать её. Но коммунистка скрылась. Был объявлен общенациональный розыск. Дэвис искали больше двух месяцев. Возможно, поиски затянулись бы на более продолжительный срок. Но в руководстве компартии знали, что Дэвис скрывается в Нью-Йорке, и Моррису Чайлдсу стало известно, где она. Дэвис арестовали в Манхэттене в гостинице «Говард Джонсон Мотор Лодж». Президент Никсон поздравил ФБР с поимкой «опасной террористки».

Моррис дал возможность ФБР сэкономить миллионы долларов, которые были бы израсходованы на поиски

Анджелы Дэвис. Представитель ФБР предложил Моррису: «Назовите любую сумму! Мы заплатим!» Моррис отказался.

Через некоторое время руководство ЦРУ настояло, чтобы ФБР свело их с агентами операции SOLO. Оно хотело предложить агентам достойную зарплату. ЦРУ располагало гораздо большими средствами, чем ФБР. А ФБР платило Моррису и Джеку «копейки» — покрывало транспортные расходы и оплачивало отели. ЦРУ могло платить тому и другому брату по полмиллиона ежегодно. Моррису хватило менее тридцати секунд, чтобы отказать представителю ЦРУ. Он сказал: «Вам следует привлекать людей, которые отдают себя работе, потому что верят в свою страну, а не потому что хотят заработать!»

В последний раз Моррис Чайлдс был в Москве в октябре-ноябре 1977 года, хотя операция SOLO продолжалась ещё несколько лет. 1980 год был последним, когда Советский Союз переправлял деньги американской компартии через братьев Чайлдс. В этот год из Москвы поступило 2 миллиона 775 тысяч долларов. И как всегда, ФБР фиксировало номер каждой пришедшей из СССР купюры.

Операцию SOLO следовало сворачивать, потому что её главные герои старели. Джек Чайлдс умер в Нью-Йорке 12 августа 1980 года. Ему было 73. Вскоре после этого Моррис и его жена Ева переехали в Майами, где ФБР купило им в высотном доме квартиру с видом на Атлантический океан. Вход в дом охранялся двадцать четыре часа в сутки. Героев операции SOLO постоянно навещали их друзья, и чаще всего это был заместитель директора ФБР Джим Фокс, регулярно приезжавший к ним из Нью-Йорка.

Моррис Чайлдс умер 2 июня 1991 года. Ему было 89 лет. И в том же году, 22 декабря, испустил дух Советский Союз.

Как только Фокс узнал об этом, он позвонил вдове Морриса. «Это означает, Джим, что мы победили», — сказала Ева. «Да, Ева, мы победили», — сказал Фокс.

Рассказ о братьях Чайлдс будет неполным, если не рассказать о том, что оба они были награждены Президентской медалью Свободы — высшей наградой в Америке для гражданских лиц. Джек Чайлдс был награждён посмертно. Рональд Рейган хотел устроить приём в честь Морриса Чайлдса в Белом доме и лично вручить ему награду в торжественной обстановке. Однако директор ФБР Уильям Сешнс убедил президента, что неразумно устраивать публичное торжество. Это было в 1987 году, в СССР уже знали, что братья Чайлдс в течение двух десятилетий водили за нос руководство страны и КГБ. В ФБР не сомневались, что советские агенты не потеряли надежды найти Морриса. Директор ФБР Уильямс Сешнс вручил Моррису Чайлдсу Президентскую медаль Свободы в штаб-квартире ФБР.

На церемонии награждения присутствовали агенты ФБР, которые были вовлечены в операцию SOLO. Был в числе приглашённых и журналист Джон Баррон — автор двух бестселлеров о КГБ. В 1996 году вышла в свет его книга «Операция SOLO: человек ФБР в Кремле».

Библиография

Abramovitz, Moses. *Simon Kuznetz 1901–1985*. The Journal of Economic History — Cambridge, Massachusetts: Cambridge University Press, Vol. 46, 2009. — H. 241–246.

Abramson, Albert. *Zworykin, Pioneer of Television* — Urbana and Chicago. University of Illinois Press, 1995.

Agus, Ayke. *Heifetz As I Knew Him*. Bradford, West Yorkshire, UK: Amadeus Press, 2001.

Barron, John. *Operation Solo*: The FBI's Man in the Kremlin. Washington, D.C.: Regnery Publishing, Inc., 1996.

Bilby, Kenneth. *The General David Sarnoff and the rise of the communications industry*. New York: Harper & Row, Publishers, 1986.

Boyd, Brian. *Vladimir Nabokov: The Russian Years*. Princeton, New Jersey: Princeton University Press, 1990.

Boyd, Brian. *Vladimir Nabokov: The American Years*. Princeton, New Jersey: Princeton University Press, 1991.

Brynner, Rock. *Empire and Odyssey: The Brynners in Far East Russia and Beyond*. Hanover, New Hampshire: Steerforth Press, 2006.

Chekhov, Michael. *To The Actor on the technique of acting*. New York: Harper & Row, 1953.

Chekhov, Michael. *The Path of the Actor*. Oxfordshire, England, UK: Routledge, 2005.

Chicoine, Stephen. *John Basil Turchin and the Fight to Free the Slaves*. Westport, Connecticut: Praeger, 2003.

Delear, Frank J. *Igor Sikorsky: His Three Careers in Aviation*. New York: Dodd, Mead & Company, 1969.

Goldman, Herbert G. *Jolson: The Legend Comes to Life*. New York/Oxford: Oxford University Press, 1988.

Gornick, Vivian. *Emma Goldman: Revolution as a Way of Life*. New Haven and London: Yale University Press, 2011.

Gottlieb, Robert. *George Balanchine: The Ballet Maker*. New York: Harper Collins, 2010.

Heller, Anne C. *Ayn Rand and the World She Made*. New York: Anchor Books, 2009.

Jablonski, Edward. *Irving Berlin: American Troubadour*. New York: Henry Holt and Company, 1999.

Kasack, Wolfgang. *Dictionary of Russian Literature since 1917*. New York: Columbia University Press, 1988.

Kaplan, James. *Irving Berlin: New York Genius*. New Haven and London: Yale University Press, 2019.

Kistiakowsky, George B. *A Scientist at the White House: The Private Diary of President Eisenhower's Special Assistant for Science and Technology*. Cambridge, Massachusetts, and London, England, 1976.

Lambert, Gavin. *Nazimova: A Biography*. New York; Alfred A. Knopf, 1997.

Lourie, Arthur. *Sergei Koussevitzky and his epoch; a biographical chronicle*. New York: A. A. Knopf, 1931.

Makharadze, Irakli. *Georgian Trick Riders in American Wild West Shows, 1890s — 1920s*. Jefferson, North Carolina: McFarland & Company, Inc., 2015.

Marowitz, Charles. *The Other Chekhov; A Biography of Michael Chekhov, the Legendary Actor, Director and Theorist*. New York: Applause Theatre and Cinema Books, 2004.

McClelland, Doug. *Blackface to Blacklist: Al Jolson, Lary Parks, and «The Jolson Story»*. Lanham, MD: Scarecrow Press, 1987.

Millichap, Joseph R. *Lewis Milestone*. Boston: Twayne, 1981.

Navokov, Vladimir. *Strong Opinion*. New York: Vintage International, 1973.

Pedahzur, Ami, and Arie Perliger. *Jewish Terrorism in Israel*. Columbia University Press (p. 176), 2009.

Rand, Ayn. *Capitalism: The Unknown Ideal*. New York: A Signet Book, 1967.

Robinson, Harlow. *Russians in Hollywood: Biography of an Image*. Boston: North Eastern University Press, 2007.

Schiff, Stacy. *Vera (Mrs. Vladimir Nabokov)*. New York: Random House, 1999.

Schonoberg, Harold C. *Horovitz: His Life and Music*. New York: Simon & Schuster, 1992.

Sciabarra, Chris Matthew. *Ayn Rand: The Russian Radical*. University Park, Pennsylvania: Pennsylvania State University Press, 1995.

Scott, Michael. *Rachmaninoff*. Stroud, Gloucestershire, UK, 2008.

Sergievsky, Boris. *Airplanes, Women, and Song: Memoirs of a Fighter Ace, Test Pilot, and Adventurer*. Syracuse, NY: Syracuse University Press, 1999.

Shalom Aleichem. *From the Fair: The Autobiography of Shalom Aleichem*. — New York: Viking, 1985.

Tiomkin, Dimitri (with Prosper Buranelli). *Please Don't Hate Me*. New York: Doubleday, 1959.

Turchin, John Basil. *Military Rambles*. Chicago: George H. Feruer Printer, 1865.

Александрова В. *Георгий Гребенщиков (к 50-летию литературной деятельности)*. — Нью-Йорк: «Новое русское слово», 1 июля 1956 года.

Зворыкин В. *Мемуары изобретателя телевидения, запись Фредерика Олесси*. — М.: Колибри, 2001.

Кузнецов В., Максименко, А. *Владимир Николаевич Ипатьев. 1867–1952*. — М.: Наука, 1992.

Набоков В. *Набоков о Набокове и прочем*. — М.: Издательство Независимая Газета, 2002.

Неймер Ю. *Иммиграция в США, русская и иная. // Мир России*. — 2003. — № 1. — С. 121–137.

Парфёнов Л. *Зворыкин Муромец*. — М.: Колибри, 2001.

Рахманинов С. *Воспоминания, записанные Оскаром фон Риземаном*. — М.: Классика-XXI, 2010.

Рейтман М. *Русский успех*. — Бостон: Маяк, 1997.

Рубина Р. *Шолом-Алейхем (1859–1916). Критико-биографический очерк*. — М.: Художественная литература, 1959.

Стравинский И. Ф. *Музыкальная поэтика*. — М: AST Publishers, 2021.

Чехов М. *Путь актёра*. — М.: Транзиткнига, 2003.

Недавно я познакомился с любопытной статистикой: оказывается, самая читающая нация в мире — индусы. Средний индус читает 10,42 книги в год. За Индией следует Таиланд (9,24 книги), затем Китай (8 книг). Россия на седьмом месте (7,06 книг) позади таких стран, как Филиппины, Египет и Чехия. Ну а что же американцы? Американцы на 23-м месте со скромным результатом 5,42 книги в год, что, однако, позволило им обогнать Италию (5,36), Англию (5,18) и Японию (4,06).

Разумеется, количество прочитанных книг не является главным индикатором эрудированности и просветлённости населения. Гораздо более важный индикатор — какие книги вы читаете. Лучше (на мой вкус и взгляд, конечно) прочесть по томику из произведений Хемингуэя, Апдайка, Пруста, Достоевского и Камю, чем переработать тонну макулатуры, пусть и с картинками. В эпоху захламления Сети и книжных полок магазинов самым разнообразным чтивом я стараюсь выбирать самую лучшую, самую нужную, самую полезную для мозгов и души литературу. Зная, что больше десяти книг я за год не прочту, другой подход для меня немыслим.

Книга Алексея Орлова «Из России к свободе» вошла в мою «десятку» 2022 года легко и радостно, потому что именно таким — лёгким и радостным — языком она написана. Книга эта об эмигрантах из России, начиная с царской России и хронологически ограничиваясь теми, кто прибыл в Америку из СССР в начале 30-х годов, но не просто об эмигрантах, а о тех немногих, кого можно назвать великими, будь они великими музыкантами, полководцами, учёными и даже, увы, преступниками. Конечно, многие фамилии нам известны, но много ли мы знаем о генерале Джоне Турчине или отце вертолётостроения Игоре Сикорском, о композиторе Ирвинге Берлине или актёре Юле Бриннере? Истории, которые нам поведал Алексей Орлов, захватывающе интересны. Книга эта не Википедия, не справочный материал, ибо написана она с любовью к её героям, будь они нобелевскими лауреатами или террористкой Эммой Гольдман. Я уверен, что «Из России к свободе» не только украсит книжные полки, но и подарит часы, наполненные самым прекрасным досугом, которое придумало человечество, — чтением!

Борис Палант,
адвокат, автор книги «Билль о правах»

Герои книги заслуживают добрую память.
И Америка должна быть им благодарна, и на Руси пусть попечалятся и погордятся.

> Есть место на Земле одно,
> Зовётся Родиной оно.
> Другое место, край иной
> Зову теперь моей Страной.
> И так я счастливо устроен,
> Что не раздвоен, а удвоен.

Юрий Солодкин,
доктор наук, профессор

«История учит одному — тому, что она ничему не учит» — сказал великий немецкий философ. Агрессивные невежды всего мира восприняли его афоризм как руководство к действию, приступив к разрушению лучшего в прошлом человечества, дабы подменить «историю, написанную победителями» бездарными фальшивками, написанными «проигравшими». Книга Алексея Орлова — это позитивный, страстный, необходимый сегодня ответ навалившейся на нас тьме; истории наших бывших и нынешних соотечественников, шедших к невозможной цели в чужой стране и достигших этой цели, это не просто истории триумфов. «Из России к свободе» вдохновляет, учит, напоминает о долге каждого из нас побеждать даже в самых непреодолимых ситуациях. И этим написать свою собственную историю.

Юрий Дашевский,
радиоведущий

С искренней писательской завистью я смотрю, как плодотворно проводит свои «золотые годы» мой коллега Алексей Орлов. Из-под его пера вышла ещё одна книга, на этот раз о выдающихся русских американцах. Благодаря неистощимому интересу Орлова к истории США, его исследовательскому энтузиазму, читателя ждут новые открытия в познании этой удивительной страны.

Вадим Ярмолинец,
писатель, журналист

www.ingramcontent.com/pod-product-compliance
Lightning Source LLC
Chambersburg PA
CBHW070349090426
42733CB00009B/1352